GUJIN CIYI YANBIAN JUYU

古今词义演变举隅

志心曾题

李绍唐　著

语文出版社

·北京·

图书在版编目（CIP）数据

古今词义演变举隅 / 李绍唐著. － 北京 ：语文出版社，2017.1(2023.2重印)
ISBN 978-7-5187-0331-9

Ⅰ．①古… Ⅱ．①李… Ⅲ．①汉语－词义－研究
Ⅳ．①H13

中国版本图书馆CIP数据核字(2017)第016184号

责任编辑	章承董	
装帧设计	刘姗姗	
出　　版	🕮 语文出版社	
地　　址	北京市东城区朝阳门内南小街51号　　100010	
电子信箱	ywcbsywp@163.com	
排　　版	北京杰瑞腾达科技发展有限公司	
印刷装订	保定市正大印刷有限公司	
发　　行	语文出版社　新华书店经销	
规　　格	890mm×1240mm	
开　　本	A5	
印　　张	5.875	
字　　数	127千字	
版　　次	2017年1月第1版	
印　　次	2023年2月第3次印刷	
印　　数	5,001－15,000	
定　　价	20.00元	

📞 010-65253954(咨询) 010-65251033(购书) 010-65250075(印装质量)

序

张志公

　　无论是学习语言或者教语言或者研究语言，词汇都是非常重要的部分。词是语言的备用成分。人们说的或者写的一篇一篇、一段一段的话，是由许多句子组成的，而句子则是由词组成的。好比盖房子，词是备用材料。只有备用的材料充足、丰富，才有可能很方便地盖出合乎需要的、各式各样的、既实用又美观的房子来。一种语言是否丰富，决定于它的词汇是否丰富；一个人的语言能力，也同样在一定程度上决定于他掌握词汇能力的高低。一个人掌握词汇的情况，还不仅仅反映他的语言水平，同时也反映他的文化、知识（自然科学知识和人文科学知识）、思维能力、性格修养、趣味情操、思想境界。

　　从教和学的角度看，如果说教或学一种第二语言（国内另一个民族的语言或者一种外国语言），词汇很重要，那么教、学母语，词汇就显得更加重要。一个幼儿，一般两周岁前后话就说得不错了，入学前后就称得起说得很好了，语音、语法在几年的语言实践中已经学会了（当然，都还只是感性的，没有理性认识，如果母语是汉语的一种方言，也还得学普通话），但是由于生活范围和知识领域的局限，词汇远不够用，就连从实际生活和语言实践中学到的那些词，理解往往是肤浅的，使用往往是没有把握的，有些是能对付听懂（朦胧的懂）而根本不会使用的。所以入学以后的儿童，直到进了中学的少年、青年，所谓学语文，从某种意义上说，主要是扩充词汇，提高词汇能力——自然不是去念词典、背词表，而是通过听说读写多项活动使词汇得到扩充、词汇能力得到提高的。学词汇，认真说起来，比学语言、学语法要难得多。

语言是一种社会现象，当然会随着社会的发展变化而发展变化。然而在语言的多因素中，词汇的社会性最强，它对社会的发展变化最敏感，反映社会的发展变化最迅速。这里所谓社会性，不仅指社会制度、社会结构、社会意识，以至风俗习惯，等等，也包括人对自身以及对自然界的认识的发展变化，也就是人的知识结构的发展变化。因此，除了基本词汇中最基本的那一小部分之外，词汇的稳定性最差，变动性和复杂性最大。由于有文字记载以来的汉语历史最久，使用的地域最广，人口最多，特别由于汉语使用的是所谓"方块"汉字这么一种独特的文字体系，以致汉语词汇的复杂性格外突出。从时间上说，上下几千年古今交错；从地域上说，方圆千万里，方言纷繁，"雅言""通语"与"土语"杂糅。不断出现新词反映新事物新概念；不断利用旧词变更其原义而赋予新义以便新用；或则旧义新义并存，或则略转原义加以引申；原属"雅言"，书面上偶尔用之，既久，用者渐多，终又进入"通语"；原属"通语"，用者渐少，终至成为"雅言"甚至"僻语"；"通语"所缺，以"方言""土语"补充之，或则"通语"本有，又以义同义近的"方言""土语"增益之，既久，皆成"通语"，于是出现大量义同义近、大同小异的词群或词族；如此等等，如此等等。汉语词汇复杂的情况，于此可见。这里还没说到国内多民族语言的交流，词语的互相转借，以及汉语同外国语言的交流对词汇所产生的作用。

于是，就阅读而论，真正做到对每词每语都能切实理解其确切的含义，并非易事；就写作而论，用词真正能做到达意准确、明晰，与前言后语相协调，从所写的内容和写给的对象两方面来说都很得体，更是相当困难，要求相当功力的。

语言是一种活动。静止地来看一个词，学一个词，研究一个词，比如对付词典里一个一个的词，已经够麻烦的。把词放在语言活动中去看，去学，去研究，那就更不简单了。

所以开头说，无论是学习语言或者教语言或者研究语言，词汇都是非常重要的部分。治语言文字者了解这一点，因而不少人都重视词汇的研究工作，这在我国是有相当悠久的历史的。《古今词义演变举隅》这部书表现了绍唐先生对汉语词汇研究具有很深的造诣，它为我国汉语词汇学的宝库增添了很可贵的一章，值得欢迎。特别值得称道的是，这部书着重把古今词义的演变同社会的发展变化联系起来探讨、讲述，这是十分有见地的，并且是对学词汇、教词汇大有助益的。换言之，它不是纯粹静止地看词汇，而是把词汇放在活动着的语言中来看待，这是十分有意义的研究方法。全书写得深入浅出，雅俗共赏，并且书名"举隅"，重在指明方向，并不求多求全。从这些特点看，我相信这部书对中小学语文教师会有参考价值，对广大的语文爱好者、自学者会有不小的帮助。承作者绍唐先生示以原稿，得先睹之快，并嘱写序，谨抒浅见，向作者和读者请教。

1985年1月

前　言

为了帮助读者提高阅读文言文的能力，比较有效地阅读文言文，这本小册子就语言词汇方面介绍一些古今词义的演变知识。

文言，距离我们现在语言实际比较远，它与现代汉语有很多不同的地方。我们阅读一篇文言文常常会碰到各种各样的难题，这里会出现语音、词汇、语法各方面的困难，但其中最主要的困难却是词汇。词汇为什么会成为主要困难呢？这表现在两方面：一是字词数量多，汉字约有五万多，而构成的词那就更为纷繁众多，数量惊人；二是词义变化大，词义随着历史的演进，从古到今，一直在发展变化，有的词产生新义，丢失旧义，形成词义的古今差异，有的词义不断扩张引申，生殖繁衍，更形成词义的千差万别。如此说来，词汇实在是阅读文言文的主要障碍，是需要我们认真对待的。

现代汉语词汇和古代汉语词汇有继承和发展的关系，所谓继承，就是二者有基本相同的一面，所谓发展，就是在发展过程中还形成了某些不同之处，这些都需要我们细致辨别、区分，深入研究、探索，找出其中规律性的东西以便遵循。为了这个目的，这个小册子介绍了字和词的关系、什么是词义、词义演变的原因、词义演变与新词的产生、词义演变的特点、词义的古今差异、词的多义性、词义的历史演变等问题。为了讲清这些问题，又举出大量的实例，加以反复论证，希望初学文言文的读者朋友能够举一反三，从而掌握词义演变的规律，在阅读文言文中收到事半功倍的效果。

在编写过程中，承蒙语言专家张志公先生多方指导与帮助，并题签了书名，写了序言，同时还参考了专家们一些著作，统此谨致谢忱。

由于自己水平有限，疏漏、错误在所难免，敬希专家和读者批评指教。

1984年10月

目　　录

第一章　概述

一、字和词的关系

汉字是记录汉语的书写符号，是记录汉语中最小意义单位的文字。最初，人们画一个太阳来代表"日"；画一个月亮来代表"月"；画一把刀，在刀上再加上一"丶"来代表"刃"；画一个口，又画一只鸟来代表"鸣"。因此说汉字是属于表意文字，而不属于表音文字，这是汉字的性质。汉字的每一个字有一个字的形体，汉字的常用字有三千多个，这三千多个字就有三千多个不同的样子。而且每个汉字都是自成音节，都有它不同的读音。虽然有些字读音相同，例如"工、公、恭、躬、宫"都读gōng，"志、智、痣、治、痔、至"都读zhì，但是表示的意义各不相同。我们看到字形并不能正确地读出音来，但我们分析字的形体构造，可以帮助了解字的意义，这是汉字的特点。

从对汉字的性质和特点的简单分析中，可以约略看到"字"和"词"的关系。一般来说，词是一种语言建筑材料，是能够自由运用的最小的语言单位；而文字呢，正是记录语言的书写符号。这二者所表达的内容是一致的，都是语言中含有最小意义的词或词素的标志。不过，一个是口头语言中的词，一个是形之于书面语言中的字罢了。

在古汉语中，除了少数只起标音作用的字，如"葡、萄、蟋、蟀、踟、躅、窈、窕"等不成为词之外，一个字常常是一个词，而且单音词占的数量很大。例如"天、地、日、月、国、家、山、河"等，既是一个字，又是一个词。字和词、字义和词义是一致的。我国古代语言文字学家和语言文字学著作，也是把词称为字，他们解释字就是解释词，例如虚字、实字、连绵字等，又如《说文解字》《康熙字典》等，都是这样。于此可知，过去所说的字就是现在我们所说的词。另外，一个字是不是一个词也要看具体情况而定。例如"恐"和"惧"两个字，它们可以单独运用在下面句子里："偿城恐不可得。"（《史记·廉颇蔺相如列传》）"民不畏死，奈何以死惧之。"（《老子》第七十四章）这两句的"恐"和"惧"分别都是词。但是"齐王闻之，君臣恐惧"（《战国策·齐策》）里的"恐惧"，就成了一个双音词，"恐"和"惧"是作为双音词中的词素出现而不是词了。又如"春"和"秋"，原指两个不同的季节，都是可以自由运用的词，但是两个字凝结在一起，就成为一个双音词。"春秋匪懈，享祀不忒"（《诗经·鲁颂·閟宫》）里的"春秋"，是指"岁时、四季"；"且陛下富于春秋，未必尽通诸事"（《史记·李斯传》）里的"春秋"，是指"年龄"，"春"和"秋"两个字都成为词素了。再如"寻常"原为单位面积，八尺为"寻"，倍"寻"为"常"。《国语·周语下》："其察色也，不过墨丈寻常之间。"（墨，五尺）其中的"墨丈寻常"可以说它们分别都是词，合在一起是指短距离或小面积。但"酒债寻常行处有，人生七十古来稀"（杜甫《曲江》）和"旧时王谢堂前燕，飞入寻常百姓家"（刘禹锡《乌衣巷》）里的"寻常"却牢固地凝结成一个词了，它的意义由"长度"变成"普通""平常"了。所以我们不能把字和词绝对等同起来，如果这样，不仅不符合现代汉语的实际，也不符合文言文的实际。

在古代汉语里，一个词往往和字分不开，因为一个字（词）还有它一定的形体。字的形体构造一般可以表示一个字（词）的本义或本义所属的意义范畴。因此，字形是我们了解字（词）义的重要依据，分析字形有助于我们掌握字（词）义。

关于汉字的形体构造，早在战国时代就有"六书"的说法。《周礼·地官·保氏》："古者八岁入小学，保氏教国子以六书。"但是还没有"六书"每一书的具体名称。到了东汉，许慎在《说文解字·叙》里才对"六书"作了系统的解释："一曰指事，指事者，视而可识，察而见意，上下是也。二曰象形，象形者，画成其物，随体诘屈，日月是也。三曰形声，形声者，以事为名，取譬相成，江河是也。四曰会意，会意者，比类合谊，以见指㧑，武信是也。五曰转注，转注者，建类一首，同意相受，考老是也。六曰假借，假借者，本无其字，依声托事，令长是也。"这是传统上所说的"六书"，也是历来为人们所公认的六种造字方法。其实，这不是什么人事先为了造字所订出的造字条例，而是战国以后的人根据汉字的形体结构分析归纳出来的字体分类，也可以说明当初人们造字的类型。其实，造字法只有象形、指事、会意、形声四种。假借是同音假借，是一种用字的方法；转注是字的互训，是解释字义的方法。象形，如"牛、羊、豕、马"等。象形字是按照事物的形状的轮廓，画成相似的图形。指事，如"上、下、本、末"等。指事字是用抽象符号和象形符号来表明意义所在，使人看了能够认识，思考以后能懂得它的含义。会意，如"从"是前后两人相随；"采"上面是手，下面是木，表示用手在树上摘东西；"走"是一个人走路时两臂摆动的样子，"走"在古时是

"跑"的意思;"武"是表示人扛戈行动起来,意思是去用武;"年"是人在禾下收获,表示谷熟(年成)。会意字是把两个或两个以上的象形字合在一起,从中会出新的意义来。形声,如"轮"是左形右声;"期"是右形左声;"草"是上形下声;"想"是下形上声;"问"是内形外声;"店"是外形内声。形声字是拿表示事物的独体字来表示这个新字的含义,再拿可以比况这个新字读音的独体字表示它的读音,这样就组成了一个半形半声的合体字。

我们必须认识到,今天的字形和古代的字形往往有很大的差异,决不能全用今天的字形去分析字义。这是因为汉字的形体,由甲骨文、金文到篆文,再由篆文到隶书、楷书,几经变易,多数已经失去其本来面目。因此若仅仅根据现在汉字的形体去推求字义,就会发生很多错误。更何况两千年来文字学者大都奉许慎的《说文解字》为金科玉律。其实许氏根本未见过古文字,是根据小篆来分析字义的,因而难免会有一些牵强附会的地方。而历代迷信许氏的学者,则错误相因,其纰缪荒疏之处,自然更多,这对于我们解释汉字的工作会带来影响。由于上述原因,只用分析字形的方法去把握字义,就有一定困难了。但是,我们还是承认大多数汉字的字形是体现字义的,因此我们还必须掌握一定的古文字学知识,弄清一些汉字的原来面貌,搞清它的原来结构,从而探求汉字(词)的正确含义。

二、古今词义的继承和发展

历史是前进的,社会是发展的。语言作为社会交际的工具,它也是随着历史的变迁而变迁,随着社会的发展而发展的。但同时它也不可能变化得很大,因为它一方面有发展,一方面还有它的继承性和相对的稳定性。因为有继承，所以古代汉语和现代汉语有许多相同之处；因为有发展，所以古代汉语和现代汉语又有许多不同之处。

就词义来说，也有继承和发展。如前所述，词是由声音和意义结合而成的统一体，声音就是词的读音，意义就是词的含义。因为词义是由客观事物决定的，是人们在长期使用过程中明确下来的，是人们在社会交往中约定俗成的，因此词义也有它的继承性和稳定性，甚至有些词义直到今天仍旧是几千年前的意义，一直保持不变。例如"风、雨、水、火、天、人、牛、鸡、弟、妹"等，它们所指称的仍然是几千年前的同一概念，古今词义没有什么两样。再如《左传·庄公十年》的第一句："十年春，齐师伐我。"七个字中，就有"十""年""春""我"四个字还保留在现在口语中，这些词属于基本词汇，词义是古今一致的。此外，现代语言中还保留着一些文言词，如"踌躇、仿佛、谢罪、君子、先生"，还有一些常用的虚词，如"为、而、然、则"。这是现代汉语直接从文言中继承下来的一些还有生命力的一般词汇，这些词的意义也是古今相同的。

不过，这部分词汇为数极少，除此之外还有大量的词汇（主要是一般词汇），它们的词义从古到今发生了很大的变化。这是因为随着社会的变化，人们对客观事物和现象的认识也起了变化。这样一来，有些表现客观事物的词，在原有的意义之外又获得了新的意义、新的用法。词义的发展变化主要表现在以下三个方面：

第一，随着历史的发展，一些旧词消失了，一些新词产生了。例如"君、臣、妾、婢、笏、辇、宗庙、孝悌"等，还有"履、冠、博、弈、黔首、赤县"等。前者所表示的旧事物、旧思想已不存在；后者所表示的事物、行为虽然存在，但现在已经改变了说法，现在不说"履、冠、博、弈、黔首、赤县"，而说"鞋、帽子、赌钱、下棋、百姓、中国"了。

第二，随着语言的发展，古代的单音词大都变为现代的多音词。例如《左传·庄公十年》："齐师伐我，公将战。"在现代汉语里，这些单音词都变为双音词：齐——齐国，师——军队，伐——攻打，我——我国，公——庄公，将——就要，战——迎战。多音词代替单音词，是汉语词汇发展的一种基本趋势，结果使汉语词汇日趋丰富，词义日趋严密了。

第三，旧词具有了新的含义。例如"革命"一词，《易经·革》："汤武革命。""革"当"改革"讲，"命"当"天命"讲，"革命"即一个新的王朝统治者代替了原来的旧王朝统治者，古人称做"王者易姓"；而现在"革命"的意义是指先进阶级推翻反动阶级，解放生产力，推动社会向前发展的运动。又如："共和"一词，按《史记·周本纪》的说法，周公、召公二相共同执政，曰共和，即两相共同议政；而现在"共和"的意义是指废除君主制，国家元首和国家权力机关定期由选举产生的一种政治制度，谓之共和政体。由此可见，随着社会的变化，词义的发展变化也是很大的。

综上所述，古今词义的关系既有继承又有发展。词义的继承与发展，既造成了古今词义的差异，也造成了词的多义性。

三、关于词义演变的几个问题

（一）词义演变的原因

我们知道，语言是社会的交际工具，是一个历史范畴，有它的时代性和社会性。语言中的词汇这个要素是最为活泼的，它随着时代的变迁和社会的发展经常处在变动之中。这不仅表现在新词的产生和旧词的消失上，也表现在词义的演变上。例如"字"这个词，它的本义是"生孩子"，引申义为"抚育、抚养"。在秦以前，"字"还没有文字的意义，当时的文字只称"文"和"书"，不叫作"字"，秦刻石才开始将"文字"连用。许慎在《说文解字·叙》中说："盖依类象形，故称为文；其后形声相益，即谓之字。"这就是说，独体为文，合体为字。又说："字者，言孳乳而浸多也。"意思是那些合体的"字"是由单体的"文"滋生出来的。到了汉代，"文字"才成为"字"的常用义。

再如"姓"，有不少古姓，如"姜、姬、姚、嬴、姒"等都加"女"旁，这暗示先民曾经历过母系社会，在母系社会里，子孙都是以母姓为姓的。在古代只有贵族才有姓，一般平民只有名而无姓。古代除了姓之外还有"氏"，所谓"氏"就是古代同姓贵族的分支的称号，如楚国国君本姓芈，楚武王熊通之子名瑕，受封于屈邑，子孙后代就以屈为氏了，如屈原。古代多以官或以封邑为氏，这种情况当然指的是男子方面，所以这又是古代男子称氏、女子称姓的由来。男子称氏是用来"明贵贱"，女子称姓是用来"别婚姻"，看起来男子的"氏"又高于女子的"姓"，而"姓"只是女子的代名词了。同时这也说明妇女在宗法制度下降居于从属地位了。到战国以后，人们以氏为姓，姓氏逐渐合而为一，汉代则通称为姓，一般平民也可以有姓了。从以上姓氏制度来看，"姓"的含义是几经变化的。

再如"墓"字，《说文解字》："墓，丘也。"又："坟，墓也。"可见"墓"就是"坟"，坟墓是隆起的土丘。《周礼》有"墓大夫"（古时掌管邦墓的官）的记载。郑玄注："墓，冢茔之地，孝子所思慕之处。"这也说明墓地隆起可见。阮籍《咏怀》诗:"丘墓蔽山冈。"这又说明坟墓之大而且多。但是《方言·十三》:"凡葬无坟谓之墓。"《礼记·檀弓》:"孔子曰:'古也墓而不坟。'"郑玄注:"古谓殷时也。"这说明"古"是指殷商时期。根据现代考古工作报告,我们知道殷代和西周的墓都还没有坟堆。《礼记·王制》:"庶人不封不树。"(平民的墓不封土不植树。)从上述的材料可知,殷商以至西周只有墓而不起坟,其后庶人也不起坟,只有尊贵者才有坟丘。再往后到了汉代,墓与坟就没有区别了。于此可知,一个时代的制度怎样,也在"墓"的意义上反映出来。以上事例说明,词义的演变是和时代的变迁、社会的发展分不开的。

词义的演变跟古人的风俗习惯有关系。一个时代有一个时代的风俗习惯,是积久形成的,是普遍存在的,它往往影响到人们生活的各个方面。社会发展了,风俗习惯也会跟着变易,这样,不同的风俗习惯也常常影响着词义的演变。如"青"字,本是指蓝色或绿色。《荀子·劝学》:"青,取之于蓝而青于蓝。"(靛青,是以蓼蓝中提取出来的,却比蓼蓝的颜色更青)这指的是蓝色。刘禹锡《陋室铭》:"草色入帘青"(草色映入帘内而发出绿色),这里指的是绿色。但是《礼记·礼器》的"或素或青","素"是白色,"青"却是黑色。为什么把"黑"说成"青"呢?这是封建社会忌讳说"黑"。因为黑色是不吉利的象征,把"黑"说成"青",是为了迎合旧社会一般人的心理。直到今天,不少地方还流行着以"青"代替"黑"的习惯,如把黑布说成青布,就是一个突出的例子。"坐",这个词的意义古今基本相同,不过古人坐的姿势和现在却不相同。古人是铺席于地,两膝着席,臀部压在脚跟上,这就叫"坐"。如果遇有意外的事情出现或向对方表示敬意,就腰板挺直,臀部离开脚跟,叫作"长跪",又叫作"跽"。

《史记·项羽本纪》："项王按剑而跽曰。"（项羽握着剑，跪直身子说）这里的"跽"就是"长跪"。这是限于当时生活条件所形成的习惯方式，跟我们今天的"坐"大不相同。又如"右"，它的常用义是右边，表示方位。古代尊崇"右"，故以"右"为较尊贵的地位。《史记·廉颇蔺相如列传》："以相如功大，拜为上卿，位在廉颇之右。"（因为蔺相如功劳大，任命他为上卿，地位在廉颇之上）古时不少朝代都设有左右丞相，总理国家政务，但都以右丞相为第一丞相。"右"除了表官职、地位的高贵外，还表示有钱有势的豪门大户。《后汉书·张衡传》："又多豪右，共谋不轨。"（又有很多强横的大家族，一起做不法的事情）到唐代还是如此。《新唐书·柳冲传》："凡郡上姓第一，则为右姓。"（凡是郡上的大姓就尊为上姓）以"右"为上，这是古代长期相沿的风俗习惯。不过后来却以"左"代"右"，以座位的左方为上了。以上说明风俗习惯也常常影响着词义的演变。

词义的演变也和人的认识有关。人们对事物的认识常随着时间的推移越来越深刻全面。认识改变了，词义也就会随之不同，发生了词义的深化。例如"地"，许慎在《说文解字》里解释说："轻清阳为天，重浊阴为地，万物所阵列也。"刘熙《释名》的解释是："地者，底也。其体底下载万物也。"上面两种说法代表两个时期的一些人的认识。我们今天不同了，在科学实践活动中，进一步认识到"地"这一客观事物的特征，又赋予新的含义：地球的表面。又例如"宇宙"，《庄子·庚桑楚》："有实而无乎处者，宇也；有长而无本剽者，宙也。"（有实体而无定处可求，叫作宇；有漫长的时间而没有始末，叫宙）《淮南子·齐俗》："往古来今谓之宙；四方上下谓之宇。"以上把"宇宙"解为无限空间与无限时间。但到后来，《后汉书·冯衍传》有这样的话：

"游精宇宙，流目八纮。"（精神遨游在天地之间，眼睛遍览八方极远的地方）这把"宇宙"又说成"天地"。以后专指空间，说"宇宙"是指地球及其他一切天体的无限空间，也就是人们所说的宏观世界。这是基于人们的认识和解释不同，而"宇宙"的含义就发生了变化。

（二）词义的演变与新词的产生

为了满足社会交际的需要，面对词汇不足的情况，汉语词汇在发展过程中，一些词可以增加新义；同时为了表现新的事物，反映新的情况，也可以产生新词。

词在演变过程中，既可以增加新义，也可以丢失旧义，不过，词义的增加是词的演变的普遍现象，是词义发展的重要方面。例如："江""河"，本来指长江与黄河，后来"江""河"的专用名词的词义消失，词义扩大为泛指江河水流。"脚"原来指"小腿"，后来这个意义消失了，却转来指下肢的踝骨以下附着地面的部分，取得了同"足"一样的意义。原来"脚"的意义又用"小腿"来代替。再看"册"，本义是"简册"，字形象编串好的许多竹简，引申指册封文书。如《说文解字》："册，符命也，诸侯进受于王者也，象其札一长一短，中有二编之形。"意思是皇帝对臣下封土授爵的文书。"册"还有一个含义是"计策"的"策"，古代也作"册"。如《汉书·赵充国传》："此全师保胜安边之册。"（这是保全军队，保持胜利，安定边疆的计策）可是现在的习惯，"册"只作书册，"册"的"计策"的意义消失了。这是词汇演变中词义增加和消失的问题，也是词与词之间功能再分配的问题，它不仅直接影响到词的数量的增减，而且还会引起词与词之间相互关系的改变，更新词义系统的面貌。

此外，词义的分化可以构成新词。例如"听"，原作"聽"，有一个意思是"厅堂"，通"廳"。《集韵》："廳，古者治官处谓之聽事，后语省直曰聽，故加广。"《史记·秦始皇本纪》："听事，群臣受决事，悉于咸阳宫。"（皇帝听政，群臣受命议决政事都在咸阳宫）"听事"的引申义是听事的屋子（治官外），因而听事的屋子也叫"听事"。如《三国志·吴书·诸葛恪传》："所坐听事屋栋中折。"（所坐的听事屋子的脊檩从中间断了）等到"聽"字单独作听事的屋子讲，就加广旁构成"廳"，"廳"先简化为"廰"，再简化为"厛"，后简化作"厅"。

其他如"段→缎、孰→熟、然→燃、右→佑、被→披"等，后一词都是由前一词分化出来的，成为独立词。这样一来，不仅词的数量增多了，而且词的职能、词的含义更加明确了。

以原有的单音词作材料构造新词。在古代汉语中，绝大多数单音词都可以作为构词材料，构成一定量的复音词。例如"理"这个词，本来是雕琢玉器，即"治玉"的意思。根据本义可引申构成"治理、处理、清理、条理、道理、文理、病理"等新词。又如"兵"，可构成"兵器、兵法、兵书、兵权、甲兵、徒兵"等新词。这种情况可以说明古代汉语单音词有向复音词演变和发展的趋势。

古代汉语里还有许多单音词只作为构词材料，在现代汉语里已经不单独使用了，但它们还作为词素而保存着。如：

逃亡　朋友　恐惧　聪明　目光　眉毛　遥远

上例加点的字，原来都是词，现在不能单独使用了，它们只作为构词材料，作为词素存在于新生的复音词里。

单音词构造新词的情况可分为两种：一种是单音词还存在，但它又有构词能力；一种是单音词不再单独使用，算是消亡了，但它作为构词材料存在于新词里。

词义演变和新词产生的又一渠道是：由比喻或借代的修辞手法而产生的并被广泛使用的一些语汇意义，在约定俗成的条件下，构成新词或新的词义。例如"崩"本指大山的崩裂，后喻帝王死。"股肱"本指大腿和胳膊，常喻辅佐君主的大臣。"干戈"本指盾和戟，是古代战争常用武器，也用为兵器的通称，常指战乱。"干城"本指盾和城郭，都起捍卫防御作用，常喻捍卫者或御敌立功的武将。这些新词义的产生都是通过比喻或借代修辞手法实现的。

前面已经谈过，一些古今词义有差别的词，只保留在古代文献里，没有沿用下来，但是为了交际的需要，又被我们采用了。词的形式是旧的，但又赋予它以新的意义，成为新词了。如"老师"，韩愈《读荀子》："然老师大儒犹存。"这里"老师"的"老"，是积学与资历深久，"师"指大师，不是现在学生称呼教他们学习的人为"老师"的意思。含义虽不一样，但我们仍借用了过来。"复辟"，《尚书·咸有一德》："伊尹既复政厥辟。"（伊尹已经归还政权给君主）后因称帝王恢复王位重新掌权为"复辟"，现在把它借用过来，泛指被推翻的统治者重新上台，或指恢复旧制度。"学者"，韩愈《师说》："古之学者必有师。""学者"原指学习的人，现在借用过来，指在学术上有一定成就的人。"艺术"，《晋书·艺术传序》："艺术之兴，由来尚矣。"（技术的兴起，从发生到现在已经很远了）这里的"艺术"指的是"技术"，指历算、望气、占卜、天文等，不同于我们现在所说的"艺术"，姑且说它是技术，也与现在说的"技术"不一样。以上说的都是从古语中借用过来的古今形同义异的词。

汉语词汇的发展演变还受到方言和外来语的影响。我们经常注意对地方方言和外来语的调查研究，就会清楚地了解到某些词的特殊含义。例如"妍"是汉代流行在陕西凤翔和山西太原等地的一个方言词，是用来形容外貌美丽的。后来这个词被吸收在文言里，如李白《于阗采花》："丹青能令丑者妍。"（绘画能手能使丑陋的变得俊美）刘知几《史通·惑经》："明镜之照物也，妍媸必露。"现在又有成语"百花争妍"。"妍"这个词逐步发展，意义比原来的方言词扩大了。"逆"，《说文解字》："迎也，关东曰逆，关西曰迎。"段玉裁注："逆、迎双声，二字通用。"又："方言逢、逆，迎也。自关而西或曰迎，或曰逢；自关而东曰逆。"说明"逆"是个方言词，意思同"迎"。"老子"，作为父亲讲时，本是宋代陕西地方的方言词。陆游《老学庵笔记》："予在南郑，见西陲俚俗，谓父曰老子，虽年十七八，有子，亦称老子。乃悟西人所谓大范老子（雍）、小范老子（仲淹），盖尊之以为父也。"这个词后来也进入了通语。这些都是地方方言词进入了通语，使词义进一步发展的例证。再说外来词，如"念书"的"念"、"因缘"的"缘"，还有"导师""彼岸""因果""法宝"等，都是佛教用语，也都被汉语吸收，同时也丰富了汉语词汇，对于汉语词和词义的发展演变产生了一定的影响。

（三）词义演变的特点

一个词在不同的历史时期有它不同的含义，词义的演变是和社会的发展密切关联的，因而词义有其时代特点。例如"寺"字，表示持的意思，是"持"的本字。秦以前，有"侍"和"近"的意思。《诗经》《左传》里都有"寺人"的称呼，指的就是侍候人的奴仆、宦官。《诗经·秦风·车邻》："未见君子，寺人之令。"（还没见到大人，只见侍从传达命令）《左传·襄公二十六年》："寺人惠墙伊戾为太子内师。"（寺人惠墙伊戾做太子宫中宦官之长）自秦以宦者任外廷之职，"寺"就用来指官舍、官署，先是指中央机构，如太常寺、大理寺、鸿胪寺等，后来县以上的政府机构所在的官房都可以称"寺"。《后汉书·刘般传》："官显职闲，而府寺宽敞。"（官位显要职务清闲，而官署宽敞）《后汉书·乐恢传》："父为县吏，得罪于令，将收杀之。恢年十一，常俯伏寺门，昼夜号泣。"（"寺门"，即县衙门）自东汉明帝时，"寺"成为僧众供佛、居住之所。南宋叶梦得认为："汉以来九卿官府皆名为寺，鸿胪其一也。本以待四裔宾客。明帝时摩腾竺法兰，自西域以白马负经至，舍于鸿胪寺。既死，尸不坏，因留寺中。后遂以为浮屠之居，即洛阳白马寺也。僧居称'寺'本此。"（《石林燕语》）自魏晋开始，"寺"才变为寺庙的专称。《洛阳伽蓝记·序例》："至晋永嘉，惟有寺四十二所。"（到了晋永嘉年间，共有寺庙四十二所）"寺"的含义，随着时代的不同，曾经变化了三次。再如"信"字，在秦汉以前，其含义不外乎"信实、守信、相信"等，可是魏晋以来，"信"作名词用多指使者。《世说新语》："驰遣信就阮籍求文。"（派人骑马飞驰向阮籍求他写文章）又："谢公与人围棋，俄而谢玄淮上信至，看书竟，默然无言。"（谢安正和人下围棋时，他的侄子谢玄从淮上派人来了，谢安看罢书信，默默不语）从前面一段话看，"遣信"分明是派遣送信的人；从后面一段话看，其中有"信"有"书"，二者分明是不相同的，"信"指的是使者或带信的人无疑。《古乐府》"有信数寄书，无信心相忆"，以及《三国志·魏志·武帝纪》"（马）超等屯渭南，遣信求割河以西请和"，其中的信都是指送信的人。当时的"信"叫作书，写信叫"作书"或"修书"。这种情况至少在魏晋时候是如此的。"信"作"书信"讲是后起义，是在中唐才开始的。以上两例可证，词义随着社会的发展而变化，在一个时代有它一定的含义。

古今词义的演变是通过渐变形式实现的。古义和今义之间有的差异很小，词义的继承关系可以清楚地看出；但有时古今词义之间的差异很大，甚至迥然有别，它们中间的递变关系就不容易看得出来，会使人误认为古今间又毫不相干，或者说它们的演变是突变式的，其实，它们还是沿着渐变的方式发展的。如"臭"字，《说文解字》："臭，禽走臭而知其迹者，犬也。从犬从自。"徐铉注："自，古鼻字，犬走以鼻知臭，故从自。""臭"是个会意字，本义是"闻气味"，读xiù，动词。《荀子·礼论》："三臭之，不食也。"（闻了数次的，不吃）由此引申为"气味"。《周易·系辞上》："其臭如兰。"（它的气味如同兰草的香味）《礼记·大学》："如恶恶臭。"（如同讨厌不好闻的气味）这是把好闻的不好闻的气味统说成"臭"。但后来又由"一般的气味"进一步引申为香的反面，读为chòu。《正韵》："对香而言，则为恶气。"这种变化看来很突然，其实"臭"由一般的气味变为不好闻的气味，词义缩小了，二者是有继承关系的。再如"乖"字，本义是"狡黠"，含贬义。可是后来把孩子聪明、伶俐叫"乖"，又进一步把孩子听话、顺情也叫"乖"，对孩子亲昵称为"乖"或"小乖乖"，由贬义转为褒义了。对于这种情形，有人说是"物极必反"，其实是词义向对立面发展而形成正反二义的"同辞"现象，是词汇发展的一种正常形式。如"聪明"一词，在古汉语里，"聪"指听力好，"明"指视力好。《荀子·性恶》："目明而耳聪。"（视力好而且听力好）这是"聪"和"明"分开来用，它们各是一个词，还没结合一起。《礼记·中庸》："唯天下至圣，为能聪明睿智。"（只有地位最高的圣人，才能够聪无不闻，明无不见，睿无不通，知无不达）司马光《赤壁之战》："孙讨虏聪明仁惠。"(孙讨虏将军能听得进意见，看得清是非，而且宽厚爱人)以上的"聪明"虽然用在一起，但还是"耳聪目明"意义的进一步引申，仍须拆开来讲才能讲得清楚。但"聪明"到后来结合一起表示"聪明智慧"的意思时（如《红楼梦》第五回："机关算尽太聪明。"），才紧密地凝固成一个词了。由"聪明"一词的演变，可以看到单音词构成双音词的经过：先是两个单音词临时组合，后来慢慢凝固成一个双音词。这个词构成了，它的意义也跟着起了变化。这是词义演变的一个重要现象，正说明一个词的构成是经过逐渐演变的过程的。

　　古今词义的发展变化是通过曲折演变的过程实现的。如"仅（僅）"字，《说文解字》："仅，材能也。""材"即"才"字，是"少"的意思，"仅只"的意思。《韩非子·内储说上》："市南门之外，甚众牛车，仅可以行耳。"这里的"仅"是"只"的意思。可是到了唐代，例如韩愈《张中丞传》："初守睢阳时，士卒仅万人。"（他起初镇守睢阳时，守城的士兵差不多达到一万人）这又是"差不多、几乎"，极言其多的意思。而现在的"仅"又是"仅仅、仅只"的意思。可见"仅"的含义是几经变化的。再如"写"这个词，在古汉语里，没有"书写"的意义，古代写字不说"写"而说"书"。《左传·宣公二年》："太史书曰：'赵盾弑其君。'"（太史写道："赵盾杀了他的国君。"）"写"的本义，《说文解字》："置物也。"段玉裁注："谓去此注彼也。"意思是指东西从这里传置到那里，也就是倾注、倾泻的意思。《周礼·地官·稻人》："以浍写水。"（用水沟倾泻田间的水）这个意思后来写作"泻"。由"倾泻"可以引申为"消除"。《诗经·邶风·泉水》："驾言出游，以写我忧。"（驾上车子去出游，以消除我心中的忧愁）忧闷解除了，内心就舒展、宽畅。《诗经·小雅·蓼萧》："既见君子，我心写兮。"（已经见到君子，我的心里很舒畅）把物体的外形由这里传置到那里，也可以叫"写"，所以"写"可作"描绘、摹画"讲。《史记·秦始皇本纪》："秦每破诸侯，写放（做）其宫室。"（秦国每次攻破诸侯国，就描绘、摹画它的宫室的形状）今语有"写真、写照、写生"，都是由此来的。又由把东西从这里传置到那里，可以叫作"写"，那么，照书籍原文抄录、誊写也可以叫"写"。《晋书·左思传》："竞相传写。"（争着互相传抄）后来才由抄录、誊写引申为"书写、写字"，是后起义。总之，在书写的意义上，古代说"书"不说"写"，自唐以后，"写"才有"书写"的意义，而且"书写"已成为"写"的常用义了。由此可以看到，古今词义曲折复杂的演化过程。

（四）词和词义演变的主要趋势

经过数千年不断地变化和发展，汉语词汇已异常丰富，词汇系统极为庞大。这不仅是说词的数量增多了，而且词义也是纷繁多样的。人们可以在汉语词汇宝库中任意选取所需要的词语，准确反映最复杂的思想，充分表达各种最细致的感情，精细描绘各种事物的状貌。这充分说明汉语词汇具有极为强大的表现力。但是，当前我国四化建设正在加快进行，各条战线各个部门正在努力开创新局面，人们的社会生活越来越丰富，生产工艺越来越复杂，社会交际也越来越频繁，仅仅依靠汉语词汇发展的现状来反映这种变化还是不够的。因而，汉语词汇和词义也必须有个更大的发展，才能与之相适应，满足当前的需要。汉语词汇和词义发展的主要趋势，可能出现下面几种情况：①随着形势的发展，词义必然发生急剧的分化，使得词义更加丰富，新词也相继增多。②新的单音词的增加，导致同音词也必然增多。这样会影响语言的表达，一是单音词的词义不够精确，二是同音词使用多了，听起来不易分辨。其结果会促使很多单音词变成词素，衍化为复音词，以便使表达上更为准确和精密。③在新的形势下，全国各族人民空前团结，和睦相处，文化交流日益频繁，社会交际日益增多，这样就会促使各地方言以及各民族词语大量向"通语"靠拢，汉语也必然有选择地吸收有助于社会交际的方言和外来语，以丰富自己的词汇。④在科学文化的发展中，有不少同志从事于古代汉语的科学研究，他们在研究汉语词汇发展的历史方面，在总结古代汉语词汇发展的规律方面，必然有所发现，有所创造；同时，广大人民群众在生产建设中，在运用汉语的实践中，对于汉语词汇也必然有所创新，这都是影响汉语词汇继续发展的重要因素。

总之，汉语词汇和词义在按照语言内部规律的自我规范中，在人民群众的语言实践中，必将会日趋成熟典范，丰富多彩。

第二章　古今词义的差异

从先秦到白话文作为通用的书面语之前的一段漫长时间里，作为古代主要书面语的文言文，发展很缓慢，跟人民群众实际使用的口头语言是脱节的。尽管文言词汇和词义也有变化，但这种变化是滞慢的，因而形成与现代词汇有不同程度的差异。我们阅读古书时，常会碰到许多看着似乎熟悉，但又不好理解的词，那就是古今形同异义的词。对于这些词，我们要细心辨别词义的古今差别，以免以今解古，望文生义，造成错误。

一、古今形同义异词举例

江

"江"的本义是"长江"，专有名词。如《诗经·周南·汉广》："江之永矣，不可方思。"（长江的水流源远流长，不能乘坐木筏来渡过啊）《孟子·滕文公上》："决汝汉，排淮泗，而注之江。"（挖掘汝水、汉水，疏通淮水、泗水，引流导入长江）《孟子·滕文公下》："水由地下行，江、淮、河、汉是也。"（水顺着河床流动，长江、淮河、黄河、汉水便是这样）以上说的"江"都是指长江，较晚的宋代苏轼《念奴娇·赤壁怀古》的"大江东去"的"江"，说的也是长江。

总之，古时说"江"一般总是指长江。在读古书时常会碰到带"江"的名词，例如："江东"是指长江之东，即长江下游的南岸地区；"江西"是指长江之西，即长江西北岸一带；"江南"是指长江之南，即长江中游南部地区的两湖、江西一带；"江表"也是指江南地区。这些都是围绕着长江来说的。

但到后来，"江"的意义扩大了，泛指一般的江河，南方的河流多称"江"，如"湘江""嘉陵江""珠江"等。可见"江"的意义古今是有差别的。

河

"河"的本义是"黄河"，专有名词。如《左传·僖公四年》："东至于海，西至于河。"（东面到海，西面到黄河）《庄子·秋水》："秋水时至，百川灌河。"（秋天的大水应时来到，上百条的水流都涌向黄河）在古代，泛指河流，一般用"川"字，而不用"河"。说"河"指的都是黄河，杜甫有一首七律诗题名为《闻官军收河南河北》，《史记·项羽本纪》中有"臣与将军戮力而攻秦，将军战河北，臣战河南"之句，这里的"河南""河北"就是指黄河之南、黄河之北，不是现在的"河南省""河北省"的意思。由此我们可以理解到古时说的"河东"是指黄河之东，"河内"是指黄河之北，"河外"是指黄河之南，"河西"是指黄河之西（也称河右），等等。

但到后来，"河"引申指一般的河流，意义扩大了，北方的河流多称"河"。如"漳河""渭河""淮河"等。还有一般所说的"江河""内河""护城河"等，这些都是泛指。

走

"走"的本义是"快跑、奔跑"。刘熙《释名》："徐行曰步，疾行曰趋，疾趋曰走。"《战国策·触龙说赵太后》："老臣病足，曾不能疾走。"（老臣腿脚不方便，简直不能快跑）

从"快跑"引申为"逃跑""逃亡""奔向"。如《战国策·楚策》："兽见之皆走。"（野兽们见了它都逃跑）又《孟子·梁惠王上》："弃甲曳兵而走。"（丢了盔甲拉着武器逃跑）以上的"走"是"逃跑"。《史记·廉颇蔺相如列传》："臣尝有罪，窃计欲亡走燕。"（我曾经犯过罪，打算要逃亡到燕国去）这里的"走"是"逃亡"。《孟子·离娄上》："犹水之就下，兽之走圹也。"（正好比水往低处流，野兽奔向原野一样）这里的"走"是"奔向"。

从"逃亡"的反义引申为"追逐""赶走"。如《史记·李将军列传》："既出塞，青捕虏，知单于所居，乃自以精兵走之。"（已经到了塞外，卫青捕捉敌人，得知单于居住的地方，就自己率领精锐的军队追逐他）以上的"走"是"追逐"。司马光《赤壁之战》："操军方连船舰，首尾相结，可烧而走也。"（曹操军队正在把船舰连接一起，船头接连船尾，可用火攻来赶走它）以上的"走"是"赶走"。

"走"的本义是"快跑"，引申义是"逃跑、逃亡、奔向、追逐"等，也含有"快跑"的意思，这是古时"走"的词义；而现在的"走"的意思是"行走""走路"。二者的差别是很大的。

去

"去"的本义是"离开"。《说文解字》："去，人相违也。"段玉裁注："违，离也。"如《诗经·魏风·硕鼠》："逝（誓）将去女（汝），适彼乐土。"（〔我〕决心要离开你，到那安乐的地方去）《孟子·公孙丑下》："孟子去齐。"（孟子离开齐国）《史记·孙子吴起列传》："魏果去邯郸。"（魏军果然离开邯郸）以上的"去"都表示"离开"。"去"的这个意思，还可以从一些相对或相反的字组成的合成词看出，例如"去就""去留""去从"等。"去"的这种古义还保留在"去世""扬长而去""拂袖而去"等现代词语里。

从"去"的"离开"的意义可以引申为"距离""除去"。《史记·项羽本纪》："当是时，项羽军在鸿门下，沛公军在霸上，相去四十里。"（当这个时候，项羽的军队驻扎在鸿门下，刘邦的军队驻扎在霸上，两地距离大约有四十里）这里的"去"是"距离"。柳宗元《捕蛇者说》："去死肌，杀三虫。"（能消除烂肉，还能杀死人体内的寄生虫）这里的"去"是除去。

"去"的古义是"离开"（引申义"距离""除去"，也含有离开的意思），现在"去"的意思是"前往，到别处去"，例如说"去北京"就是往北京去，古今的意思恰巧是相反的。

再

《说文解字》："一举而二也。"意思是"两次"或"第二次"，这是本义。副词，表示动作的数量。如《左传·庄公十年》："一鼓作气，再而衰，三而竭。"（头通鼓鼓足了士气，二通鼓士气就有些松劲，三通鼓士气就泄尽了）《左传·僖公五年》："一之为甚，其可再乎？"（一次借路事情就够严重了，还可以第二次借给吗）

"再"在古时只代替"二"的数量，而没有"又"或"更"的意思。今天我们说"他已经来三次了，明天还要再来一次"，这是后起义，是由上面所述的意义发展而来的。现在常说的"再"相当于古时的"复"的意义，着眼于行为的重复，而不是

"两次"的意思。假如拿现在的意思去看古代的"再"字（特别是上古汉语），就会产生误解。例如"三年再会"，在上古是说"三年之内会面两次"，如果理解为"三年之后再见"，那就错了。

两

"两"的本字作"兩"。《说文解字》："兩，再也。"《玉篇》："匹耦也。"范晔《后汉书·吴祐传》注："车有两轮，故称两。"从以上的解释可以知道，"两"是取义于车有两轮，词义是指称成双成对的两个事物，是两相匹敌，彼此不相上下的意思。如《庄子·秋水》："两涘渚崖之间，不辨牛马。"（两岸中间隔着沙洲，隔水远看，分辨不清牛和马）《荀子·劝学》："事两君者不容。"（〔一个人〕侍奉两个国君，则两方面谁也不能容他）《史记·廉颇蔺相如列传》："强秦之所以不敢加兵于赵者，徒以吾两人在也。今两虎共斗，其势不俱生。"（强横的秦国不敢把战争强加于赵国的原因，就因为有我们两个人在这里。今天，如果两头猛虎拼命恶斗，结果是两个不能共存）从以上例子可以看出："两"的意义，不单纯是两个，而是指成双成对的两个事物。

同此意义，"两"也可以作副词用。如《荀子·劝学》："目不能两视而明，耳不能两听而聪。"意思是眼睛同时看两个对象，就无法看得分明；耳朵同时听两种声音，就无法听得清楚。这个"两"是说同一行为作用于双方的意思。成语有"两全其美""两败俱伤"等，其中的"两"也是这个意思。

"两"也可以作量词用。成双才起作用的东西，或以双为单位的名词，往往以"两"为量词。如车有两轮，所以车以"两"为单位（后代写成辆）。鞋子成双才起作用，所以以"两"为单位。

如《诗经·齐风·南山》："葛屦五两。"关于鞋的量词，后代说"双"而不说"两"。

"两"用来指称本来成双成对的事物，这在先秦很少有例外。它和数词"二"是不相同的，"二"则表示一个具体的数目。后来"二"和"两"就混用了，但我们阅读古书时不可不注意。

劝

"劝"的本字写作"勧"，是"从力，藋声"的形声字。《说文解字》："劝，勉也。"《广韵》："奖勉也。""劝"的本义是"勉励""鼓励"，动词。如《左传·成公三年》："所以惩不敬而劝有功也。"（所以惩戒不敬的人，劝勉有功的人）《国语·勾践栖会稽》："国人皆劝，父勉其子，兄勉其弟，妇勉其夫。"（国内的人民互相劝勉，父亲勉励他的孩子，哥哥勉励他的弟弟，妻子勉励她的丈夫）再如荀子的《劝学》的"劝"也是"勉励、劝勉"的意思。

从"勉励"的意义引申为"劝告、劝说"（说明道理使人听从）。如《三国演义·失街亭》："某再三相劝，要在当道筑土城，安营守地。"

"劝"字在古汉语里用于积极的鼓励，而不用于消极的劝阻，作"劝告，劝说"解，是后起的词义。

快

"快"是个"从心，夬声"的形声字。《说文解字》："快，喜也。""快"的本义是"喜悦、高兴"的意思，用作形容词。如《孟子·梁惠王上》："然后快于心与？"（然后心中才高兴吗）《史记·魏公子列传》："公子行数里，心不快。"这个"快"也是"愉快"的意思。所以古代的"快"只有这个意思。

至于"快速"的意义古代只说"速"或"疾"，不说"快"；"锐利"的意义古代只说"利"，不说"快"。古代"快"没有"快速、锐利"这两个意义。这两个意义是后起的。

泣

《说文解字》："无声出涕曰泣，从水，立声。"是个形声字。"泣"的本义是无声有泪地哭，动词。如《战国策·赵策》："持其踵为之泣。"意思是拉着她的脚后跟为她掉眼泪。杜甫《石壕吏》："夜久语声绝，如闻泣幽咽。"（到了深夜，说话的声音没有了，仿佛听到有人在隐隐地抽泣）

在古代，"泣"和"哭"是有分别的。无声有泪叫泣，有声有泪叫哭。在现代汉语里哭、泣的意义已经没有严格的区别，这是古今不同的地方。

涕

"涕"是个"从水，弟声"的形声字。《说文解字》："涕，泣也。"段玉裁注："泣也，当作目液也。"《玉篇》："目汁出曰涕。""涕"的本义是"眼泪"。名词。如《诗经·邶风·燕燕》："泣涕如雨。"（泪落如雨）《史记·李将军列传》："百姓闻之，知与不知，无老壮皆为垂涕。"（老百姓听说李广自刎的消息，不管对李广知道或不知道的，不分老年或壮年人都为他落泪）柳宗元《捕蛇者说》："蒋氏大戚，汪然出涕，曰……"（姓蒋的人听了却显得十分愁苦，眼泪汪汪地说……）以上的"涕"都作"眼泪"解。

上古的"涕"都作"眼泪"解，因为上古没有"泪（泪）"

字，凡"泪"字的意义都说成"涕"。后来把"涕"说成"鼻液"，这是"涕"字意义的转化。我们切不可把古时的"涕"解作"鼻液"，因为古时的"泗"或"洟"才作"鼻液"解。

坐

"坐"是一个比较显明的会意字，表示两个人坐在土上的形象。所以坐在那里，停止不动，和行相对，是它的本义。如《孟子·梁惠王上》"王坐于堂上"就是这个意义。但是古人坐的形状、方式同我们今天的坐有所不同。古人一般铺席于地而坐，坐的方式是两膝着地，臀部压在脚跟上。《论语·乡党》："席不正不坐。"（席子放的不正不坐）郎瑛《七修类稿·坐地席上》："古无凳椅，席地而坐，故坐字从土。"这说明古人是席地而坐的。

从此引申，坐的座位也叫"坐"，由动词成为名词。如《史记·项羽本纪》："项王则受璧，置之坐上。"（项羽就接受了璧，把它放在座位上）这个意义后来写作"座"。

犯了罪，"罪与律应，不得移动"含有"坐"的意思。《晏子春秋·晏子使楚》："齐人也，坐盗。"（是个齐国人，犯了偷盗罪）《史记·魏其武安侯列传》："坐法去官。"（犯了法免去了官职）

从此义又引申为"因为"。如《陌上桑》："来归相怨怒，但坐观罗敷。"（〔观看的人〕回来以后互相埋怨责怪，只因为是观看罗敷的缘故）杜牧《山行》："停车坐爱枫林晚，霜叶红于二月花。"（停住车子是为了观赏山林间的晚景，严霜打过的树叶比二月的春花还红呢）

古时的"坐"是席地而坐，而且坐的方式也和现在不同，称为跽坐。

床

"床"本来写作"牀"，是个"从木，爿（读如墙）声"的形声字。《玉篇》："牀，坐具也。""床"原是古代的一种坐具，小的一人坐。年老的人或所谓尊贵的人，一般就坐在床上。不同于现在睡觉的床，它的形状比现在睡觉的床要小。《孔雀东南飞》中"槌床便大怒""媒人下床去"，所说的床就是坐的床。又如《世说新语·捉刀》："魏武使崔季珪见匈奴使，自捉刀立床头。既毕，令人问曰：'魏王何如？'答曰：'魏王雅望非常，然床头捉刀人，此乃英雄也。'"这里所说的"床"无疑就是坐具，因为接见匈奴使臣，不可能睡在或坐在睡觉的床上。

后来词义扩大了，引申为各种器物的架也叫作"床"。如《古乐府·淮南王篇》："后园凿井银作床。"这个"床"就是设在井上以支持桔槔（jiégāo，汲水的撑杆）的架子。又如《游龙门记》："楼心穴板，上置井床辘轳。"（水楼中心在地板上开了个洞，洞上安着井架和绞车）此外又有笔床、琴床，就是笔架、琴架。现在的车床，也是这个意思。

由上所述，"床"的字义是有时代差异的。

睡

"睡"是个"从目、垂声"的形声字。《说文解字》："睡，坐寐也。""睡"在汉代以前是坐着打瞌睡的意思。这是它的本义。如《战国策·秦策》："苏秦读书欲睡，引锥自刺其股，血流不止。"（苏秦读书想打瞌睡，拿出锥子来刺自己的大腿，流血不止）因为读书都是坐在那里，并不是躺在床上想睡觉，所以这里的"睡"就是打瞌睡。《史记·商君列传》："卫鞅语良久，孝公时时睡，弗听。"（卫鞅和秦孝公谈论事情很久，孝公时时在那里打瞌睡，不愿意听他的）商鞅和秦孝公谈事，秦孝公如果躺在床上睡觉，是很不礼貌的。所以这里的"睡"只是坐在那里打瞌睡，虽然不乐意听，也要表面应付一下。《神仙拾遗传》："夏侯隐登山渡水，每闭目美睡，同行者闻其鼻鼾之声，而步不蹉跌，时号睡仙。"这段话的"睡"更是倦而闭目打瞌睡的意思。

可是到了唐代，"睡"字的意义就有变化了。杜甫《茅屋为秋风所破歌》："自经丧乱少睡眠，长夜沾湿何由彻。"（自从经历了兵荒马乱常常失眠，长夜漫漫，啥都被漏湿了，何时才能熬过这一夜）这里的"睡"才是"睡觉""睡眠"的意思。这个意思是从"睡"的本义转化出来的。

案

"案"是个"从木，安声"的形声字。《说文解字》："案，几属。"段玉裁注："按许云几属，则有足明矣。今之上食木槃近似，惟无足耳。"可知"案"是几案一类的东西，但没有现在几案那么高，也没有那么大，而是像现在盛饭菜的托盘那样，只是有四条腿，可以放在地上。所以"案"的本义是带有四条腿用来盛饭菜的托盘。如《史记·万石张叔列传》："对案不食。"意思是对着盛放着饭菜的托盘吃不下饭。如果把"案"讲成"几案"或"桌子"似乎讲不通，因为当时都是席地而坐。段玉裁在注解"案"字时引用《后汉书·梁鸿传》里的"举案齐眉"的故事时说得好，梁鸿和妻子孟光相敬如宾，孟光给丈夫送饭，把盛饭菜的"案"举得和眉一般齐，当时传为佳话。这个"案"正是托盘，如若是桌子，孟光是举不起来的。

后世把所凭之几叫作案。如司马光《赤壁之战》："因拔刀斫前奏案。"意思是拔出刀来，向面前的批阅奏章的公案上砍了一下。这个"案"就是矮桌子，就不是前面说的托盘了。

仅

"仅"本写作"僅"，是个"从人，堇声"的形声字。《说文解字》："仅，材能也。"（"材"通"纔（才）"字）是"少""止于此"的意思。《史记·乐毅传》："齐王遁而走莒，仅以身免。"（齐王逃跑到莒地，仅仅是自己免于祸难）《礼记·射义》："盖仅有存者。"言存者甚少的意思，这和现在的"仅"极言其少意思是相同的。

但是在唐朝时，从唐代的一些诗文来看，"仅"是解作"庶几之几"，则是极言其多，有"差不多达到"的意思，那就和"仅仅"或"仅只"的意思相反了。如杜甫《泊岳阳城下》："江国逾千里，山城仅百层。"这是说江水流经的区域超过千里，山城差不多达到一百层，是很高的意思。又如韩愈《张中丞传》："初守睢阳时，士卒仅万人。"就是说他镇守睢阳时，守城的士兵差不多达到了一万人。"仅"的这层意思是和上古不同的。而现在"仅"又是"仅仅""仅只"的意思，和上古一样，却和中古的意思不相同。"仅"的意义几经变化。

稍

"稍"是个"从禾，肖声"的形声字。《说文解字》："稍，出物有渐也。"段玉裁注："凡古言稍稍者，皆渐进之谓。""稍"在古代作"渐渐"讲，这是本义，副词。如《史记·项羽本纪》："项王乃疑范增与汉有私，稍夺之权。"（项王就怀疑范增私通汉军，渐渐剥夺了范增的一些权力）《汉书·霍光传》："光薨后语稍泄。"（霍光死后，他说的话渐渐泄漏）又如《史记·项羽本纪》："汉王间往从之，稍稍收其士卒。"（汉王走小道到那里去，陆续收集了一些逃散的士兵）以上说的"稍"或"稍稍"都含有渐渐、陆续的意思，不能解作"稍微"。直到宋代，"稍"字的意思还是如此。如苏轼《与述古自有美堂乘月夜归》中有"娟娟云月稍侵轩"之句，是描写他从一个地方回家时看见月亮慢慢升上去，渐渐侵入窗户中的景象，是非常富有诗意的。如果解释成月亮稍微侵入窗户，就缺乏诗意了。古时的"稍"一般都当"渐渐"讲，这和现在的"稍"当"稍微""略微"讲是不同的。古代"稍微"的意思一般用"少"表示。

恨

"恨"是个"从心，艮声"的形声字，本义是"懊悔、遗憾"，动词。如《荀子·成相》："不知戒，后必有恨。"（不知警惕，以后必然懊悔）《史记·李将军列传》："至今大恨独此耳。"（到现在最大的遗憾只有这个罢了）以上的"恨"字都是懊悔、遗憾的意思，不能作怨恨解。又如诸葛亮《出师表》："先帝在时，每与臣论此事，未尝不叹息痛恨于桓灵也。"（先皇在世的时候，每次跟我谈到这些历史事实，没有一次不对桓帝、灵帝的所作所为感到痛心遗憾）这里的"痛恨"不是现在说的"痛恨"的意思，因为桓、灵二帝都是汉朝的皇帝，刘备绝不能对他们有所痛恨的。由此可知，古代的"恨"字只作"懊悔、遗憾"解，作"仇恨、怀恨在心"讲是后来的事。

穷

"穷"原来写作"窮"。《说文解字》："窮，极也，从穴，躬声。"是个形声字，本义是"极、尽"，形容词。如《史记·刺客列传》："图穷而匕首见。"这里的"穷"就是"尽头"的意思。蒲松龄《促织》："而心目耳力俱穷，绝无踪响。"意思是弄得眼花耳鸣，心神精力都使尽了，可是连一点蟋蟀的踪影声音都没有发现。现在有成语"山穷水尽"，"穷"也是"尽头"的意思。可引申为"寻察探究"，作动词用。如陶渊明《桃花源记》："欲穷其源。"意思是探寻它的源头。

从"极、尽"的意义可引申为"行不通，处境困难"。如《战国策·赵策》："救困穷，补不足。"（救济境遇穷困的，补助衣食不足的）《史记·屈原列传》："父母者，人之本也，人穷则返本。"（父母是人的根本，人遇到困难处境的时候，总想念父母）沿着这个意义，还作"不能显贵"讲。如《孟子·尽心上》："穷则独善其身，达则兼善天下。"（不居官时就独善其身，得志时便兼善天下）

在古代，"贫"和"穷"是两个不同的概念。缺乏衣食金钱叫"贫"不叫"穷"，只有"穷困"连用时，包括有"贫困"的意思。不过后来"穷"的意义渐渐转为表示"贫困"的意思了。

贼

"贼"是个"从贝从戎"的会意字，本义是"毁坏""损害"，动词。如《论语·先进》："贼夫人之子。"（害了人家的儿子）又特指杀害。如《左传·宣公二年》："使锄麑（chú ní）贼之。"意思是晋灵公使锄麑为刺客刺杀赵盾。

"贼"作为名词用时指违法乱纪、犯上作乱的人。如《左传·宣公二年》："反不讨贼。"意思是说赵盾返回国来又不讨伐杀害君主的乱臣贼子。

现在把偷窃东西的人叫"贼"，"贼"的意义已经转化了。

偷

"偷"的本义是"苟且；忽视、懒散、不振作"。《商君书·农战》："善为国者，仓廪虽满，不偷于农。"（善于治理国家的人，粮仓虽满，仍不放松农业生产）这里的"偷"作"忽视""放松"解。《荀子·王制》："众庶不偷。"意思是一般老百姓都不懒散，松弛。杜甫《羌村三首》："晚岁迫偷生，还家少欢趣。"意思是晚年在战乱的逼迫下苟且偷生，虽然久别还家，还是很少欢趣。在古代汉语里，"偷"一般不作"偷窃、偷盗"解，特别是先秦，更没有这个意思。成语"苟且偷生"也不是偷偷地活着，而是应该死而没有死，苟且地活下去。

现在把"趁人不知道拿人的东西或做某件事"叫作"偷"，这是"偷"的转义了。

慢

"慢"是个"从心，曼声"的形声字。《广韵》："怠也，倨也，缓也。"对"慢"的意义说得较为确切而完整。"慢"的本义是"倨傲不敬"，形容词。如《礼记·缁衣》："可敬而不可慢。"意思是可尊敬而不可傲慢。《史记·高祖本纪》："高起、王陵对曰'陛下慢而侮人，项羽仁而爱人。"（高起、王陵回答说："陛下傲慢而好侮辱人，项羽仁慈而爱护人。"）李密《陈情表》："诏书切峻，责臣逋慢。"意思是诏书下来，急切严厉，责备我有意规避，对上不敬。从此可引申为"懒惰、怠慢"。《淮南子·修务》："偷慢懈惰。""慢"是"懒惰"。诸葛亮《出师表》："若无兴德之言，则责攸之、祎（yī）、允之慢，以彰其咎。"（如果没有帮助您发扬美德的劝告，那就责问郭攸之、费祎、董允等人的怠惰，来揭露他们的过失）现在"慢"是"缓慢"的意思，在上古很少见，这是古今不同的地方。

购

"购"的本字写作"購",是个"从贝,冓声"的形声字。段玉裁《说文解字注》:"悬重价以求得其物也。""购"的本义是悬赏征求,动词。如《史记·项羽本纪》:"吾闻汉购我头千金,邑万户。"(我听说汉王用赐千金、封万户侯的重赏来买我的头)《史记·淮阴侯列传》:"有能生得者购千金。"(有人能够把他活着捉来,赏给千金)"购"字在上古时只是悬重赏以征求的意思,所购的东西往往不是商品,跟买卖的性质大不相同。到了唐代,"购"字也只表示重价收买,引申为雇用,跟一般的买还是有细微差异的。如柳宗元《三戒》:"假五六猫,阖门,撤瓦,灌穴,购僮罗捕之。"(就借来了五六只猫,把门关紧,揭开房瓦,冲灌洞穴,还雇了人来千方百计兜捉那些老鼠)

现在作一般购买用,词义有所扩大。

假

"假"的本义为"借",引申为"凭借",又引申为"非正式的、代理"的意思。例如《左传·僖公二年》:"假道于虞以伐虢(guó)。"(晋献公向虞国借路来攻打虢国)这是"借"的意思。《荀子·劝学》:"假舆马者,非利足也,而致千里。"(凭借车马的人,不是脚走得快,但能到达千里之远)这是"凭借、借助"的意思。《史记·项羽本纪》:"乃相与共立羽为假上将军。"(就互相一起共同推立项羽为代理上将军)这是"代理、非正式的"的意思。总之,"假"在上古的主要意义就是这几项,但没有"与真相对",即现在"假"的意义,这个意义在上古只说"伪"或"赝",而不说"假"。到了东汉,许慎在《说文解字》里解"假"为"非真也",大概从这时起,"假"才获得真假的"假"的意义。

脚

"脚"是个"从肉，却声"的形声字。"脚"也写作"骹"。《说文解字》在"脚""骹"两字下都说"胫也"。段玉裁注："厀下踝上曰胫。"《释名》："胫，茎也，直而长，似物茎也。""胫"即现代解剖学上的胫骨部位，俗称小腿。这是"脚"的本义。古代无论称人称物，都以脚指腿部。比如《山海经》："长股之国在雄常北，披发，一曰长脚。"长股即长腿，古称长脚。《尔雅·释畜》："马四骹皆白，骗。"四骹皆白，即四条腿都是白色。又如司马迁《报任安书》："孙子膑脚，兵书修列。"意思是孙膑受刖断两胫之刑后，才完成兵书的著述。上述例子中的"脚"，指的都是小腿。

后来词义发生变化，原指小腿部位的"脚"，现在改指腿的下端接触地面的部分。词义更替了。

脸

"脸"原作"臉"，是个"从肉、僉声"的形声字。居奄切，古音检，与"睑"同音，可以通用。它的意义指的是目下颊上，即指眼睛下边的一小块地方（也有说专指眼睛的），也就是下眼皮，这是它的本义。例如白居易《天津桥诗》："眉月晚生神女浦，脸波春傍窈娘堤。"意思是弯弯如眉的新月夜晚从神女浦上升起，那顾盼流转的眼波依傍着春色如画的窈娘堤在闪耀。这里说的脸波就是眼波。现在"脸"的意义指整个面部，所指的范围由小变大了，读音也变了。"脸"用于诗词中，时间也不是太久，始于梁陈以来，唐朝当然还沿用着。这时说的"脸"都是指的"眼"或"眼皮下面的一小块地方"。但后来"脸"的意义扩大到整个面部（古人把现在所说的脸叫作面）。

孩

《说文解字》：“咳，小儿笑也，从口，亥声。孩，古文咳，从子。”“孩”同“咳”本义是小儿笑。如《老子》第二十章：“如婴儿之未孩。”（未孩，还不会笑）《孟子·尽心上》：“孩提之童。”（孩提：指孩童初知笑，可提抱）

由小儿笑引申为“幼小”。如李密《陈情表》：“生孩六月，慈父见背。”意思是生出幼小的婴儿仅仅六个月，慈爱的父亲便去世了。

“孩”的又一意义为“小孩”，是后起的引申意义。“孩”的新的意义产生了，“小儿笑”的旧的意义就不用了。

塘

“塘”的本义是“堤岸”。《说文解字》：“塘，隄也，从土，唐声。”“隄”同“堤”，是个形声字。如谢灵运《登池上楼》：“池塘生春草，园柳变鸣禽。”（池旁的堤岸上生长着春草，园中的柳树上各种鸟儿变换着鸣叫）这里的“塘”就是“堤”的意思。因为春草只能生在堤岸上，不可能生在池塘里。又如唐朝崔颢《长干曲》：“君家何处住？妾住在横塘。”（您家住在哪里？我家住在横塘）“横塘”是地名，一定是在堤的旁边，决不会住在水池里。所以“塘”在唐朝以前的意义是“堤岸”，和现在的“塘”作“池塘”解是不一样的。现在的“池塘”的“塘”是它的转义，旧的“堤岸”的意义就不存在了。

题

“题”是个“从页，是声”的形声字。它的本义是“额头”。例如《韩非子·解老》：“詹何坐，弟子侍，有牛鸣于门外。弟子曰：'是黑牛也而白题。'"（詹何坐在那里，学生在旁边侍立，有牛在门外鸣叫。学生说："那是条黑牛，有着白色的额头。"）"题"本是人或动物的额头，或说是人或动物之首，那么用在文章上，就是文章之首，就是"题目"的意思。

揭

"揭"的本义是"高举"的意思。例如贾谊《过秦论》："斩木为兵，揭竿为旗。"（砍伐了树木做兵器，举起了竹竿做旌旗）但是"揭"在现代汉语里是指把盖合或粘合在上面的东西拿起来。古义和今义区别甚大。

烛

先秦就有烛，但不是后来的蜡烛，而是火炬，是用荆条或麻苇做的。例如《礼记·曲礼上》："烛不见跋。"孔颖达疏："跋，本也。本，把处也。古来未有蜡烛，唯呼火炬为烛也。"《礼记·檀弓》："童子隅坐而执烛。"（童仆坐在角落里手执着烛）可以看到古时的烛必须有专人拿着，这种烛就是火炬。后来才把以膏制成用以照明的称为烛。

骤

骤，急速的意思，古今同。但在现代汉语中，主要作"骤然、突然"讲。而在古代汉语中，则主要用来表示屡次。段玉裁《说文解字注》："按今字骤为暴疾之词，古则为屡然之词。"例如《左传·宣公二年》："宣子骤谏。"（赵宣子屡次进谏）又如《楚辞·九歌·湘夫人》："时不可兮骤得，聊逍遥兮容与。"（时间不可以多次得到，姑且自由自在地稍事安闲吧）在古代汉语里，作

"屡次"讲,是"骤"的常用义。在现代汉语里,"骤"的"屡次、多次"的意义已消失。

暂

古今都有暂时的意思。除此,在古代汉语中,还有两种含义:一是"一时""不久"的意思。例如《后汉书·黄宪传》:"友人劝其任,宪亦不拒之,暂到京师而还。"第二个意思作"仓促""突然"讲,例如《史记·李将军列传》:"(李)广暂腾而上胡儿马。"(李广突然跳上匈奴的战马)又如白居易《琵琶行》:"如听仙乐耳暂明。"(好像听到了仙乐,听觉突然清亮起来)以上二义在现代汉语中是没有的,现代汉语中只有"暂时"的意思。

僵

在古代汉语中,"僵"的意思是"倒下"。例如《史记·苏秦列传》:"详僵而弃酒。"(假装倒下而扔掉酒杯)《吕氏春秋·贵卒》:"管仲扞(hàn)弓射公子小白,中钩,鲍叔御公子小白僵。"(管仲拉开弓射公子小白,射中带钩,鲍叔牙使公子小白向后倒下)又如常说的"百足之虫,死而不僵",也是说百足虫由于脚多,死了也不至于趴下。以上的"僵"都是"倒下",而不是"僵硬"的意思。在现代汉语里,"僵"才是"僵硬"的意思。

狱

"狱"指诉讼之事,这是狱字在上古的常用义。例如《左传·昭公二十八年》:"梗阳人有狱,魏戊不能断。"(梗阳地方的人有诉讼之事,魏戊不能审断)《论语·颜渊》:"片言可以折狱者,其由也与?"(一言半语可以断结一桩讼案的,恐怕只有这个人吧）"狱"大约从汉代才开始指关押犯人的监狱。

字

"字"，《说文解字》："乳也，从子在门下，子亦声。""字"的本义是指生育、抚养孩子。例如《周易·屯卦》："女子贞不字。"这句话意思是女子久不生育。又如《左传·昭公十一年》："其僚无字，使字敬叔。"（她的同伴没有儿子，让她抚养敬叔）

以上例子都不作"文字"讲。大约从秦代开始，"字"才用来指文字，到汉代文字就成了"字"的常用义。

诛

"诛"，《说文解字》："诛，讨也。"其本义是"声讨""谴责"的意思。例如《论语·公冶长》："于予与何诛！"（对于宰予我又何必责备他呢）又如成语"口诛笔伐"也是"谴责"的意思。但后来演变为"杀戮"。如《史记·项羽本纪》："立诛杀曹无伤。"词义转移了。

禽

"禽"，鸟兽的总称。例如《周易·师卦》："田有禽。"（打猎有猎获物）这个"禽"既包括飞鸟，也包括野兽。又如《三国志·魏志·华佗传》："吾有一术，名五禽之戏，一曰虎，二曰鹿，三曰熊，四曰猨（猿），五曰鸟。"这是把鸟和野兽通谓之禽。汉以后还有这种用法。后来，"禽"专指鸟类。

素

古汉语中，"素"可作"向来"讲，作副词用。例如《史记·项羽本纪》："楚左尹项伯者，项羽季父也，素善留侯张良。"（楚国的左尹项伯，是项羽的叔父，一向与留侯张良友善）除此之外，"素"还可作"白色"讲，这是古今相同之处。但在现代汉语里，"素"还作与荤相对的意思讲，古无此义。

朕

"朕"，第一人称代词，意为"我、我的"。先秦不论贵贱，都可以自称为朕。例如《孟子·万章上》："干戈朕，琴朕。"（干戈归我，琴归我）秦始皇以后专用为皇帝的自称，其他人不能再自称朕了。

辇

"辇"，《说文解字》："挽车也，从车，从㚘在车前引之。""辇"是用人拉挽的车子，并不限于君王所坐的车子。例如《诗经·小雅·黍苗》："我任我辇，我车我牛。"（我背着器具我挽着车，我扶着车子我牵着牛）这是老百姓拉的辇。《战国策·赵策》："老妇恃辇而行。"（我靠着坐辇走路）这是太后坐的辇。秦汉以后"辇"专指皇帝所乘的车子。

瓦

"瓦"的本义是已烧的土坯。《说文解字》："土器已烧之总名。"例如《世本》："桀作瓦屋。"（夏桀用烧制的土坯建筑房屋）现在我们说"瓦"是专指覆盖在屋上的瓦。

烈　士

在古代指刚正不阿、守义不屈、有气节、有操守的男子。例

如曹操《龟虽寿》："烈士暮年，壮心不已。"（英雄豪杰虽然到了晚年，但雄心壮志永不息止）

在现在"烈士"指为正义事业而牺牲的人。

丈　夫

在古代"丈夫"是指成年男人。例如《触龙说赵太后》："太后曰：'丈夫亦爱怜其少子乎？'"（太后说："男人们也疼爱他的小儿子吗？"）

"丈夫"在现代汉语中词义已转变，专指夫妇中的男方。

丈　人

在古代"丈人"本是对年长者的尊称。例如《论语·微子》："子路从而后，遇丈人，以杖荷蓧。"（子路跟随孔子而落在后面，碰见一个老人，用根棍背着一个除草用的工具）《汉书·苏武传》："且鞮（dī）侯单于初立，恐汉袭之，乃曰：'汉天子，我丈人行也。'"（且鞮侯单于刚刚登位，生怕汉朝派兵去袭击匈奴，就说："汉朝的皇帝，是我的长辈。"）

在两汉文学中，"丈人"也有作"丈夫"解的。例如《乐府诗集·妇病行》："传呼丈人前，一言当言。"（呼喊丈夫走向前来，我有句话要告诉你）丈人，就是指病妇的丈夫。

唐以后这个词义转变了，把妻子的父亲称作"丈人"。

童　子

"童子"一词的本义是未成年的人。"童子"的"童"本作"僮"。《说文解字》："僮，未冠也，从人，童声。"而"童"在《说文解字》里解作"男有罪曰奴，奴曰童。"这里，"僮""童"

和现在的讲法正好颠倒了。《文字蒙求广义》："男有罪为奴曰童，此童仆之童。僮子之僮从人，今互易之。"这是阅读古书总结出来的，意思是说，"僮""童"二字的用法本是这样，然而现在把它更易过来了。例如《论语·先进》："冠者五六人，童子六七人。""冠者"，成年人。古时到了二十岁的男子，须行冠礼，此后，就算成年人了。"童子"，相对而言是未冠的少年。韩愈《师说》："彼童子之师，授之书而习其句读（dòu）者。"（那些孩子的老师，教他们念书和学习断句的方法）这里的"童子"指的也是未成年的人。这个词义至今未变。

　　在封建社会里，没有考取秀才的读书人也叫"童子"或"童生"，这是引申义。随着科度制度的废除，这个意义早消失了。

宾　客

　　《说文解字》："宾，所敬也。"又："客，寄也。"段玉裁注："自此托彼曰客，引申之曰宾客。"《玉篇》："宾，客也。""宾客"指受尊敬的客人。一般来说，这个词古今的意义是相同的。

　　"宾客"还作"外宾"解。例如《史记·屈原列传》："出则接遇宾客，应对诸侯。"（出了宫廷就接待来宾，跟外国的诸侯打交道）

　　在古代"宾客"还有一个意义是指春秋战国时代贵族养在家中的"食客""门客"，或叫"舍人"。例如《史记·廉颇蔺相如列传》："因宾客至相如门谢罪。"（由门客们陪同，赶到蔺相如家里，登门请罪）

　　现在"宾客"作"客人、外宾"解，这个意义还存在；作"门下食客"解，这个意义早消失了。

布 衣

"布衣"的本义是粗布衣服。即古时用麻枲（xǐ，大麻之类）布或后来用棉布裁制的衣服。在古代平民只能穿"布衣"，故引申为"不做官的平民"。例如《史记·廉颇蔺相如列传》："布衣之交，尚不相欺，况大国乎？"（一般平民交朋友还不会互相欺骗，何况堂堂大国呢？）诸葛亮《出师表》："臣本布衣，躬耕于南阳，苟全性命于乱世，不求闻达于诸侯。"（我本是一个普通的老百姓，在南阳地方亲自耕田种地，只想在那动乱年代勉强保存住生命，没有想过要在割据的群雄那里求名得官）沈括《活板》："庆历中，有布衣毕昇，又为活板。"（在宋仁宗庆历年间，有平民毕昇又发明活字板）

"布衣"本指粗布衣服，现在这个意义仍不变；转指一个人的身份，这个意义现在已经消失。

县 官

在汉朝，"县官"都是用来称呼朝廷（即中央一级政府）的。例如桓宽《盐铁论·取下》："贤良、文学不明县官事，猥（wěi）以盐铁为不便。"（贤良、文学士一类的人不明了官府的事情，就以为盐铁官营是不方便的事）晁错《论贵粟疏》："今募天下入粟县官，得以拜爵，得以除罪。"（现在号召天下人把米粮交纳到官府，就能够受封爵位，就能够赎除罪罚）

凡是汉朝人所说的"县官"都可解作"官府"，是称呼朝廷的。但随着历史的变迁，这个词的词义也跟着改变，后来便从称呼官府机关的意义转为称呼主管一县政务的官吏了。

行　李

在上古时，"行李"指外交使节。例如《左传·僖公三十年》："若舍郑以为东道主，行李之往来，共其乏困，君亦无所害。"（假若秦国能放弃郑国，而留下郑国作为东道的主人，秦国外交使节往来，经过此地，郑国定能供给你们的缺乏，对你们也没有什么不利）但到唐时把给官府导从的人叫"行李"。后来把旅行时所携带的东西叫行李。词义逐步转化了。

牺　牲

在古代，"牺牲"是指祭祀时做祭品用的牲畜，如牛、羊、猪等。《曹刿论战》："牺牲玉帛，弗敢加也，必以信。"（祭祀用的牛、羊、猪和玉石、丝绸祷告时不敢虚报，一定是诚心诚意）

因为祭祀时所用的"牺牲"都是被杀而失去生命的，所以引申为今天所说的"牺牲"，它的含义有二：一是为了正义目的舍弃自己的生命，二是泛指为了某种目的舍弃或损害一方的利益。词义完全转变了。古代"牺牲"的意义，在现代汉语里已经不存在。

慷　慨

"慷慨"亦作"忼慨"。《汉书·地理志》："赵中山地薄人众，丈夫相聚游戏，悲歌忼慨。""慷慨"是"充满正气、情绪激昂"的意思。"慷慨"的这个意思现在还保留着，例如"慷慨激昂""慷慨陈词"等，这有褒奖的意思。但是后来又有贬义的。例如明末张溥的《五人墓碑记》："夫十有一月之中，凡富贵之子，慷慨得志之徒，其疾病而死，死而湮没不足道者，亦已众矣。"（在那十一个月当中，一切富贵人家的孩子，耀武扬威、洋洋得志的人们，他们得了疾病死去，死后磨灭无闻不足以称道的，也是很多的啊）这里的"慷慨"当作"耀武扬威"讲，这个词义在现代汉语里已经消失了。在现代汉语里，"慷慨"还有不吝惜金钱、财物，乐意帮助别人的意思，成语有"慷慨解囊"。

更 衣

"更衣"在古代意为"上厕所"。例如司马光《赤壁之战》："权起更衣。"意思是孙权起身上厕所，却说"更衣"（换衣服），这是古汉语的隐讳法。

走 狗

古时把猎犬叫作"走狗"，也就是善跑的狗。例如《史记·勾践世家》："狡兔死，走狗烹。"（狡兔死了，猎狗没用，只好把它烹煮了吃肉）这个词含有褒义。现在用来比喻受人豢养而帮助作恶的人，这个词就含有贬义了。

勾 当

"勾当"，古时作"事情"（名词）或"办理"（动词）用，是个中性词。如《水浒传·智取生辰纲》："夫人处分咐的勾当，你三人自理会。"（勾当，事情；理会，办理）李延寿《北史序传》："事无大小，士彦一委仲举勾当。"（事情不分大小，士彦整个委派仲举办理）

现在说"勾当"是坏事，是个贬义词，词义和感情色彩完全变了。

大　夫

大夫是位于卿之下的大臣。"大夫"是古代的官职名。三代之官，以卿、大夫、士为等级，大夫又分上、中、下三等。例如《国语·勾践栖会稽》："大夫种进对曰……"（大臣文种进前对勾践说……）《史记·廉颇蔺相如列传》："相如既归，赵王以为贤大夫。"（蔺相如回到了赵国，赵王认为他是一位能干的大臣）

"大夫"在古代还是一种对人的尊称，泛指上层知识分子。例如张溥《五人墓碑记》："郡之贤大夫（指吴郡那些与复社有关系的上层人物）请于当道。"

后来太医院医官通称为"大夫"，因此"大夫"一词逐渐演变为对医生的称呼。

郎　中

"郎中"，古代官名，秦时属于郎中令。汉代侍郎、郎中并选为尚书郎。例如李密《陈情表》："诏书特下，拜臣郎中。"（诏书特地下来，任命我做郎中官）隋唐以后，六部皆置有郎中，为诸司之长。这个官名今已消亡。现在我国南方称医生为"郎中"，词义已经转化。

宣　言

"宣言"本是指"宣布""公开说出"的意思。例如《史记·廉颇蔺相如列传》："宣言曰：'我见相如必辱之。'"（廉颇公开扬言："我遇见蔺相如，一定要当面侮辱他一番。"）

"宣言"在现在专指政府或团体公开表明立场、观点和态度的文件。

交 通

在古代解为"勾结、往来"。例如晁错《论贵粟疏》:"因其富厚,交通王侯,力过吏势,以利相倾。"(凭借雄厚的财力,跟王公贵族相勾结,权势超过官吏,为了利益,互相倾轧)有时也有四通八达的意思,和今义相近。如陶渊明《桃花源记》:"阡陌交通,鸡犬相闻。"(田间道路四通八达,鸡鸣狗叫彼此听得见)

在现在为各种运输事业的总称。

颜 色

"颜色"在古代指"面容""脸色"。例如《列子·说符》:"颜色,窃铁也。"(看他的面色表情,好像是偷斧子的人)

现在把红、黄、蓝、白、绿等叫作"颜色"。

亲 戚

古时"亲"指父母,"戚"指亲属、亲戚。例如《史记·廉颇蔺相如列传》:"臣所以去亲戚而事君者,徒慕君之高义也。"(我们之所以离开家人来为您服务,只是为了仰慕您的高尚的品德)

现在说"亲戚"是指因婚姻形成的亲属关系。

口 舌

"口舌"古义指"言语""说话"。例如《史记·廉颇蔺相如列传》:"我为赵将,有攻城野战之大功,而蔺相如徒以口舌为劳,而位居我上。"(我当赵国的大将,有攻敌城池、率兵征战这样的大功,蔺相如只凭会说话,可是职位却比我高)

今义作"争辩"解,如"发生口舌"。

故　事

古汉语中，"故事"作"旧事""前例""前事""老路"等解。例如《六国论》："苟以天下之大，而从六国破亡之故事，是又在六国之下矣。"（如果拿一个一统天下的大国，而重蹈六国灭亡的覆辙，这就又在六国之下了）现代汉语中，"故事"是指真实的或虚构的用作讲述对象的事情。

斯　文

古汉语中的"斯文"有两种含义：一指古代贵族的礼乐制度。例如《论语·子罕》："天之将丧斯文也，后死者不得与于斯文也。"（天若是要消灭这种礼乐制度，那我也不会掌握这种礼乐制度了）一指儒者或文人。例如杜甫《杜游》诗："斯文崔魏徒，以我似班扬。"（文士崔尚、魏启心认为我好像班固、扬雄）

现代汉语中的"斯文"是文雅的意思。

猖　獗

在古代汉语里，"猖獗"一般是"颠覆、失败"的意思。如《隆中对》："而智术浅短，遂用猖獗，至于今日。"（然而智慧谋略浅薄不高，就因此失败，成了今天这个局面）

现代汉语里，"猖獗"是"横行霸道"的意思。

感　激

"感激"一词在古代汉语里的含义大致有两个：一是受到感动而振奋起来。例如诸葛亮《出师表》："先帝不以臣卑鄙，猥自枉屈，三顾臣于草庐之中，咨臣以当世之事，由是感激，遂许先帝以驰驱。"（先帝不因为我卑贱粗野，自甘降低身份，三次到我茅庐中访问我，向我询问当代的政事，因此我很感动，就答应为先帝效劳）第二个意思是愤恨、激发。例如杜台卿《玉烛宝典》卷一："紫女本人家妾，为大妇所妒，正月十五日感激而死。"（紫女本是人家的妾，为大妇所忌妒，正月十五日，愤恨感伤而死）

在现代汉语里，"感激"的意思是因对方的帮助和好意而对他产生的好感。

结　束

古汉语中，"结束"是指"装束、打扮"，引申为全副武装。例如《冯婉贞》："婉贞于是率诸少年结束而出，皆玄衣白刃，剽疾如猿猴。"（冯婉贞于是率领青年们装束好出发了，他们都穿着黑色的衣服，拿着雪亮的刀，轻捷得好像猿猴一样）

现代汉语中，"结束"是事情发展或进行到最后段落，不再继续或告一段落。

气　候

在古汉语里，"气候"可引申指"能否得到君王的宠幸的冷暖气氛"。例如《阿房宫赋》："一日之内，一宫之间，而气候不齐。"（在一天时间内，一个宫殿里，而受宠幸和彼冷遇的冷暖气氛竟然不同）

在现代汉语里，"气候"是指自然现象，即一定地区里的气象情况。

二、古代两个单音词形成现代一个双音词举例

身　体

"身体"在古代是两个词。"身"是说"自己"，"体"是说"实践、力行"，"身体"就是亲身实行。例如《韩非子·外储说左上》："墨子者，显学也，其身体则可，其言多不辩。"（墨子是著名的学者，他在亲身实践方面是可以的，他的言辞不讲求文辞的修饰）

现在说"身体"是指人的身体。"身体"本来是两个词，现在成为一个双音复合词。

地　方

"地方"在古代是两个词，"地"是"土地"，"方"是"方圆"，"地方"是"土地方圆"，也就是领域、土地的面积。例如《邹忌讽齐王纳谏》："今齐地方千里。"（现在齐国有纵横千里的土地）

"地方"在现在指的是"地带"，成为一个双音复合词。

兄　弟

在古代"兄弟"是联合词组，包括"兄"和"弟"两个方面。例如《史记·信陵君列传》："父子俱在军中，父归；兄弟俱在军中，兄归；独子无兄弟，归养。"又如《汉书·苏武传》："少以父任，兄弟并为郎。"意思是苏武年轻的时候，因为他父亲苏建给国家立过功的关系而被任用，兄弟三人（苏武和兄苏嘉、弟苏贤）都做护卫皇帝的武官。

在现在汉语中，"兄弟"已变成偏义复词，专称弟弟。

妻　子

"妻子"在古代指妻子和儿女。例如司马光《赤壁之战》："子布、元表诸人各顾妻子，挟持私虑，深失所望。"（子布、元表这班人只知道顾念妻子儿女，抱着为个人打算的私心，很使我失望）

"妻子"现在专指"妻"，词义缩小了。

城　市

"城市"在古时不是一个词，而是两个词。例如张俞《蚕妇》："昨日入城市，归来泪满巾。遍身罗绮者，不是养蚕人。"其中的"城"是"城邑、城镇"；"市"，动词，"买卖东西"。"昨日入城市"，即"昨天进城去做买卖"。

现在的"城市"是一个词，词义已经转化。

卑　鄙

"卑鄙"在古代是两个词。例如诸葛亮《出师表》："先帝不以臣卑鄙。"（先皇帝不因为我卑贱粗野）"卑"是地位低下，"鄙"是粗野。

现在转化为一个词了，是品质恶劣的意思。

特　征

古汉语中的"特征"是两个词："特"，"特意、特地"；"征"，"征召"。"特征"是特地征召的意思。例如《后汉书·张衡传》："安帝雅闻衡善术学，公车特征，拜郎中，再迁太史令。"（汉安帝常听说张衡对术学很有研究，特意派车召见他，拜为郎中，后来升迁他为太史令）

现代汉语中的"特征"是指可以作为事物特点的征象、标志等。

鞠躬

古代汉语中，"鞠躬"是两个词："鞠"，"弯着"；"躬"，"身体"。"鞠躬"就是弯着身体。例如《中山狼传》："闭我囊中，压以诗书，我鞠躬不敢息。"（把我装进口袋里，用书本压住，我弓着身子不敢出气）

现代汉语中的"鞠躬"是弯腰行礼，表示极为尊重的意思。

陇断

"陇"通"垄"，高地。古汉语中，"陇断"是指阻隔交通的山丘。例如《愚公移山》："自此，冀之南、汉之阴，无陇断焉。"（从此以后，冀州的南部、汉水的北面，再也没有山岗高地阻隔交通了）

现代汉语中，"陇断"，亦作"垄断"，泛指把持和独占。也引申指帝国主义的经济特征。

学习

"学习"的本义是学习飞翔。"习"的古义是"反复地飞"。例如《礼记·月令》："鹰乃学习。"（于是鹰学习飞翔）

在现代汉语中，"学习"是指从阅读、听讲、研究、实践中获得知识或技能。

祖父

古汉语中的"祖父"是指"祖辈"和"父辈"，或指祖先。例如《六国论》："思厥先祖父，暴霜露，斩荆棘，以有尺寸之地。"（想想列国的先人祖辈、父辈，冒着霜露，披荆斩棘，靠这样才有了很少的一点土地）

现代汉语中的"祖父"特指父亲的父亲。

智 力

古汉语中的"智力"是指智慧和力量，是个联合词组。例如苏洵《六国论》："且燕赵处秦革灭殆尽之际，可谓智力孤危，战败而亡，诚不得已。"（而且燕赵两国处在秦国把别的国家快要消灭干净的时候，可以说智谋和力量都很单薄，打了败仗而亡国，实在是不得已的事）

现代汉语中的"智力"是指人的认识、理解客观事物并运用知识、经验等解决问题的能力。

学 者

在文言文中，"学者"是求学的人，是两个单音词构成的词组。例如韩愈《师说》："古之学者必有师。"（古代求学的人必定有老师）

在现代汉语中，"学者"是指"学术上有一定造诣的人"，意义变了，已经凝成一个双音复合词。

睡 觉

在古汉语中"睡觉"的"觉"读 jué，"睡觉"是"睡醒"的意思。例如白居易《长恨歌》："云鬓半偏新睡觉。"意思是发鬓偏斜不整，呈现出刚刚睡醒的姿态。这是两个单音词。

在现代汉语中，"睡觉"（shuì jiào），是指进入睡眠状态的意思，这里已转化为一个词，词义也有变化。

幸 福

"幸福"在古汉语中是两个词,"幸"是"希冀",动词;福,福气。例如魏源《默觚下·治篇》:"不幸福,斯无祸;不患得,斯无失。"(不希求福气,这才不会招致灾祸;不担心得不到,这才不会蒙受损失)

在现代汉语中,"幸福"表示使人心情舒畅的境遇和生活,已转化为一个词。

行 为

古汉语中的"行为"是两个词。"行","行动、行为";"为","因此、就"。例如《庖丁解牛》:"虽然,每至于族,吾见其难为,怵然为戒,视为止,行为迟。"(虽说这样,每次碰到纠缠聚结的地方,我意识到那很难对付,吃惊似地集中起注意力,视线因而固定下来,行动因而迟缓下来)

现代汉语中的"行为",指受思想支配而表现在外的活动。

北 面

"北面"在古时是两个词。例如"面"是"面向、面对"的意思;"北"是方位词,作动词"面"的状语。"北面"即"向北面对",引申为归顺投降。《赤壁之战》:"若不能,何不按兵束甲,北面而事之?"(如果不能,为什么不收起武器和铠甲,而面对北方向他投降称臣呢?)古代君主面南而坐,臣子面北朝拜。现代汉语中"北面"是指北方。

生 理

古汉语中,"生理"指活下去的道理,是个偏正词组。例如方

苞《狱中杂记》:"倘复请之,吾辈无生理矣。"(倘若主审官再上奏章请示,我们这些人就活不成了)

现代汉语中的"生理"是指机体的生命活动和体内各器官的功能。

其 实

"其实"在古代不是一个词,而是两个词。例如《晏子春秋·晏子使楚》:"叶徒相似,其实味不同。"([橘树和枳树]只是叶子相仿,它们的果实味道不同)这里的"其实"等于"它们的果实"。又如《后汉书·黄琼传》:"盛名之下,其实难副。"(在盛大的名望赞誉之下面,那实际[才能]是难以相称的)上面的"其实"都是实词。前句"其"是代词,"实"是名词;后句"其"是指示代词,"实"是名词。在现代汉语中"其实"变为一个副词,属于虚词了。

可 以

"可以"在古代不是一个词,而是两个词。如《左传·庄公十年》:"忠之属也,可以一战。"(这是忠心对待人民一类的事情啊,可以凭它[和齐国]打一仗)"可以"等于"可以以之(此)"。其中的"可"相当于现代汉语的"可以","以"是介词,当"凭、靠"讲。

现在"可以"变成一个词,是"行"的意思。

知 道

"知道"在古时是两个词。例如《荀子·天论》:"愚者,为一物一偏而自以为知道,无知也。"(愚蠢的人,只认识了事物的一部分，却自以为懂得了事物的规律，这真是太无知了）"知"是"认识、懂得"，"道"是"规律"。"知道"是个动宾词组。

现在的"知道"是个双音复合词，是"懂得、明白"的意思。

无　论

"无论"的古义是"不要说"，是两个词。例如《桃花源记》："乃不知有汉，无论魏晋。"（居然不知有个汉朝，更不要说魏朝和晋代了）

"无论"在现代汉语中为条件复句所使用的关联词语。

于　是

"于是"的古义是"在这里""在这个……上"。例如《捕蛇者说》："吾祖死于是，吾父死于是。"（我祖父死在这［捕蛇］的事上面，我父亲也死在这［捕蛇］的事上面）

"于是"现在作连词"就"用，不是两个词，而是一个词了。

如　此

古汉语中，"如"是"像、好像"的意思；"此"，代词，"这"的意思。如此，像这。例如《中山狼传》："敢讳狼方向者，有如此辕！"（有胆敢隐瞒狼的去向的，就会得到像这车辕一样的下场）"有"，语助词，附在动词"如"前，凑足一个音节，无义。

现代汉语中，"如此"是"这样"的意思。

因 为

古汉语中，"因"，介词，表原因，"因"后边省去了宾语"之"，相当于现代汉语中的"因此"或"于是"；"为"，动词。例如白居易《琵琶行》："因为长句，歌以赠之，凡六百一十六言，命曰《琵琶行》。"（因此而作《琵琶行》这首七言长诗，并且歌唱着来赠送她，共有六百一十六字，命名为《琵琶行》）这里，"因为"是"因此而作"的意思。

现代汉语中的"因为"，是用在因果复句中的连词。

虽 然

在古代汉语中，"虽然"，不同于现代汉语的连词"虽然"，而等于现代汉语中的"虽然这样"，它是两个词："虽"是"虽然"；"然"是"这样"。例如《墨子·公输》："虽然，公输盘为我为云梯，必取宋。"（虽然这样，［但是］公输盘给我造了云梯，［我］一定要攻取宋国）

在现代汉语里，"虽然"是连词，用在偏句里，正句里往往有"可是""但是"等词跟它相呼应。

至 于

在古汉语中，"至于"相当于"到"或"一直到"的意思。"至"，动词；"于"，介词。"至于"，表示达到某种程度。例如苏洵《六国论》："至于颠覆，理固宜然。"（最后一直达到灭亡的地步，道理本来就应该这样）又如《三国志·吴志·周瑜鲁肃吕蒙传》注："吾谓大弟但有武略耳；至于今者，学识英博，非复吴下阿蒙。"（我［本来］以为老弟只有军事上的才能罢了；到现在看来，学问广博，见识超群，已经不再是吴地的"阿蒙"了）

现代汉语里的"至于"是连词，表示另提一件事。

以上把古今词义的差别分为两类：一是形同义异词，也就是说，既是古代汉语中的一个词，又是现代汉语中的一个词，它们的词形相同，但词义已经发生变异；一是古代的两个单音词形成现代一个双音词，也就是说，在古代汉语中，两个单音词经常连用在一起，在现代汉语中，恰恰形成一个双音词，意义也发生了变化。这是个简单的分法，不过，从这两类的分析中，可以看到古今词义演变的不同情况及其差异的不同程度。有的演变似乎比较快，演化当中发生的变化比较大，它改变了原来词义，仅保留了词形，进入了现代汉语词汇；有的演变比较缓慢，演化当中，古今词义间还存在着某种曲折的联系，还保留着演变的痕迹。例如"脚""脸"等词的演变，由"小腿"到"足"，由"目下颊上部位"到"整个面部"，古今词义所指的人身部位大不相同，发生了词义转移的现象。如"烈士""牺牲"等词，"烈士"由指"有气节有操守的男子"转指"为正义事业而牺牲的人"，"牺牲"由专指"祭祀用的牲畜"转指"为了正义而捐弃生命的行为"，这在词义的轻重上发生了很大的变化。如"爪牙"由指"亲信武臣"转指"帮凶"，"走狗"由指"猎犬"转指"受人豢养的帮凶"，古今词义大不相同，在褒义贬义上发生了急剧的变化。又如"走""去"等词，古代的"走"是"快跑"，现在的"走"是"行走"，古代的"去"是"离开"，现在的"去"是"前往"，古今所指人的行动完全两样，词义向着相反的方向发展了。再看"骤""僵"等词，"骤"的一个意义是"突然"，"僵"的一个意义是"僵硬"，这在古今都是相同的，但"骤"在古汉语中的主要意义为"屡次"，"僵"

在古汉语中的主要意义为"倒下"，这些词义在现代汉语里已完全消失了，这是古今不同的地方。"禽""瓦"等词，在古汉语中是"鸟兽""陶器"的总称，在现代汉语中，"禽"专指鸟类，"瓦"专指覆盖屋上的瓦，它们的词义缩小了。"江""河"等词，它们由专名变为通名；"朕""辇"等词，它们由通用变为专用。这说明古今词义虽也发生了变化，但在变化中有同有异，还存在着种种曲折的联系。其中的一些词（指第二类词），它们都是由原来的常连用在一起的词组演变而成的。通过这些词的变化，可以知道，汉语词汇一直存在着由单音词向双音词发展的趋势，现代汉语中的双音词大多都是由古代汉语中的单音词发展而来的，古代汉语的词汇正是现代汉语发展的源头。此外，我们还须注意，像"其实""于是"等词，虽然古今字面相同，但两者之间在形式的组合上或语义的解释上都没什么关系，古今有偶然巧合现象。我们不要把它们看作一回事，发生以今解古的错误。

第三章　词的多义性

世界上任何一种语言，都存在着一词多义的现象。尤其是在古代汉语中，一词多义的现象更是普遍存在着。这是因为古代汉语中的词多是单音的，一个字就是一个词。其中很多词在长期使用当中，由于用法不同、解释不同，因而出现了不止一个甚至纷繁众多的词义，这些词义彼此又是互相关联着的，这就是一词多义。一词多义现象增加了语言的灵活性和丰富性，加强了语言的表现力，但同时也给我们学习文言文、掌握古汉语词义带来了不少困难。

多义词的词义也有它的发展扩大的规律，这里谈谈词的本义、引申义、假借义和比喻义。

一、词的本义和引申义及举例

（一）词的本义

什么是词的本义呢？一个多义词可以具有种种不同的词义，但是追根求源，它最初总只有一个意义，那就是词义演变的起点，我们把这个最基本的意义，称作这个词的本义（或叫原义）。词的本义是人们最初造字时确定下来的，一般与字形结构有关。例如：

元　甲骨文作🦴。字形强调其头部，指人首。《左传·僖公三十三年》："狄人归其元。"（狄人把晋国将军先轸的头交还晋国）

旦　金文作🦴。象旭日初升，下半似地面之状，表示早晨。《商君书·农战》："旦暮从事于农。"（从早晨到晚上从事于农业劳动）

保　金文作🦴。象双臂护持背上幼儿之人形，表示抚养的意思。《尚书·康诰》："若保赤子。"（如同抚养初生的婴儿）

牢　甲骨文作🦴。表示牲畜的圈。《战国策·楚策》："亡羊而补牢，未为迟也。"（跑掉了羊再来修补羊圈，还不算晚）

我们研究字的本义还是应从甲骨文、金文等古文字字形入手。因为这些古文字和原始的字形最为接近，凭借它才能使我们认清字的本来面目，了解字（词）的最初意义。历代的语言学家对词的本义都是非常重视的。段玉裁说："凡字有本义焉，有引申、假借之义焉。守其本义，而弃其余义者，其失也固；习其余义，而忘其本义者，其失也蔽。"段的这段话说明忽视对词的本义的研究，就等于对这个词不理解。江沅在《说文解字注》的后叙中说："本义明而后余义明。"可见只有搞清词的本义，才能抓住这个词的纲，才能找到词的各种意义演变的线索。即使一个词有着纷繁的词义，也往往变得简单而有系统了。

（二）词的引申义

什么是词的引申义呢？引申义就是从词的本义生发出来的新词义，是词的本义发展变化的一种结果。例如"主"字，它的本义是灯火的焰。《说文解字》："焰，灯火主也。"这说明"焰"是灯火的主要部分。小篆作🦴，上面是焰，是灯光，下面是灯台的形象。由于火焰是灯火的主要部分，所以这个字后来引申为"主

体""主人""主导""主要"等意义。又如"赤"字，甲骨文作
▲，金文作▲，小篆作▲。这几个形体是由"大"和"火"合成。
"大"是人的形象，"火"上一个"大"，就是"人在火上"，所以
"赤"的本义就是"人在火上"。人在火上，身体一定是被烤照得
通红，所以就引申为火红的颜色，现在用的"赤色""赤心""赤
豆""面红耳赤"等词语中的"赤"都是这个意义。其次，人在火
上，火热难当，只好光着身子，一丝不挂，毫无遮掩，所以又引
申为"赤露"的意思，现在的"赤裸裸""赤条条""赤背""赤
脚""赤身露体"等词语中的"赤"都是用的这个意思。由赤着
身子，一丝不挂，又引申为"一切空无所有"，现在用的"赤
贫""赤手空拳""赤地千里"等词语中的"赤"都是从这个意义
上来的。又如"亡"，《说文解字》："亡，逃也。"它的本义是"逃
跑"。由"逃跑"的本义可以引申为"物的丧失和人的死亡"，再
由"人的死亡"可引申为"国家的灭亡"。一个词引申出新的词义
以后，并不排除原始的词义，而是新旧词义同时并存。词义的引
申是词义演变的主要形式，也是一个词由单义词成为多义词的发
展形式。词义的引申，可使我们的语言词汇逐渐变得丰富起来。

一个词能孳生发展出一个以上的意义，而这些意义并不是孤
立存在的，从它们的产生，从它们相互之间的联系可以找出这样
或那样的关系，从而也就可以理清词义发展的脉络和系统。这样
不仅使我们更系统地掌握这些纷繁的词义，而且使我们对于词义
的理解更加透彻。

词义引申的方式基本上可以分为两种。

第一种是并列式引申。这种引申方式是由本义引申出甲义，
又由本义引申出乙义，有的还可能由本义引申出丙义、丁义等。
也就是说几个引申义都是直接从本义引申出来的，它们环绕着一

个中心词向四周辐射。例如"引",《说文解字》:"引,开弓也。"本义是"拉开弓"。《韩非子·外储说左下》:"狐乃引弓送而射之。"(解狐拉开弓边送行边准备射他)因为拉弓好像是把弓弦拉长了,所以引申为"延长、伸长"。《左传·成公十三年》:"我君景公引领西望。"(我君景公伸长脖子朝西望)因为拉弓是把箭导向后方,所以引申为"引导、率领"。《史记·秦始皇本纪》:"引兵欲攻燕。"(率领军队要去进攻燕国)因为拉弓是向后拉,所以又引申为"引退""退却"。《战国策·赵策》:"秦军引而去"(秦国的军队向后退去)因为拉弓要把弦拉向自己一边,所以又引申为"取过来"。《战国策·齐策》:"引酒且饮之。"(取过酒来将要喝)以上"引"的引申义"延长、引导、退却、取过来"都是直接从本义"拉开弓"引申出来的,它的引申方式是并列的。

第二种是连贯式引申。这种引申方式是以本义为起点,由本义引申出甲义,由甲义又引申出乙义,有的还可能由乙义引申出丙义等。如"度"字,《说文解字》:"度,法制也。""度"的本义是"制度""法度"。王安石《答司马谏议书》:"议法度而修之于朝廷。"(议订法令制度并在朝廷上修改决定)由"制度""法度"引申为计量长短的标准。《韩非子·外储说左上》:"吾忘持度。"(我忘了拿尺码)由计量长短的标准引申为用尺量长短。《韩非子·外储说左上》:"先自度其足而置之其坐。"(先量了量自己的足,然后把尺码放在他的座位上)再由量长短的"量"引申为"推测、估计"。马中锡《中山狼传》:"狼度简子之去已远。"(狼估计赵简子已经离远了)以上"度"的引申义"法度、量长短的标准、量、估计"等,都是一个传接一个,如同跑接力似的,它的引申方式是连贯的。

但是我们看到,更有大量的词的词义引申并不是单纯地沿着上面所说的两种引申方式发展的，而是并列中有连贯，或连贯中有并列，词义之间的关系是纵横交错的。例如"乘"字，《广韵》："驾也，登也。""乘"的本义是"登上、乘坐"。晁错《论贵粟疏》："乘坚策肥。"（乘坐坚车，鞭策肥马）"乘坐"车船就有凭借、趁着的意思，所以又引申为"凭借、趁着、利用"。《孟子·公孙丑上》："虽有智慧，不如乘势。"（纵然有智慧，不如趁着有利形势）凭着、趁着有利形势或利用敌人的弱点可以对敌发动攻势，所以又引申为"袭击、猛攻"。《孙膑兵法·八陈》："敌弱以乱，先其选卒以乘之。"（敌人兵力弱而且军纪乱，那么先用精兵猛攻）由"乘坐"又引申为乘坐的"车、兵车"。《左传·隐公元年》："缮甲兵，具卒乘。"（修理制造武器装备，准备步兵和兵车）"兵车"一乘是一辆，所以又引申为"辆"，量词。《战国策·赵策》："约车百乘。"（准备好车子一百辆）因为一辆兵车用四匹马来驾，所以"乘"又表示"四"，数词。《论语·公冶长》："陈文子有马十乘。"（陈文子有四十匹马）以"乘"的本义为核心，有两个引申词义是并列的，为并列引申式；接着两个并列引申词义又继续着词义的引申，它们各自形成一个连贯引申式。可见，词的引申义的发展并不是沿着一种方式进行，而是两种方式交互运用。

从以上所述的词义引申的几种方式来看，词义引申都是以词的本义作为起点，换句话说，词义的引申变化都是从词的本义开始的，所以，词的本义当然成为词义演变的核心。但是从词义演变的实际情况来看，也有例外，有些词的本义在使用当中显得不是那么重要，降居次要地位，有些重要的引申义却发展成为词义演变的中心了。例如"辈"字，《说文解字》："若军发车百两为一辈。"这是说古时军队用兵车作战，一百辆车为一辈。所以"辈"

的本义是"分行列的车"。《玉篇》："类也。"《正韵》："等也。"这是从"分行列的车"的意义引申为同类的人或物，从"同类的人或物"的意义又引申为"行辈""辈分"。从"辈"的词义引申来看，"辈"的本义现在消失了，它的引申义"同类"却发展成为演变的中心了。又如"朝"字，本义是"早晨"，读zhāo。居首的引申义是"朝见"，"朝"读cháo。但是很多引申义所依据的中心词不是本义"早晨"，而是"早晨"的引申义"朝见"。封建时代臣子们都是在早晨朝见君主，所以由早晨引申为"朝见"；朝见时臣子们必须面向君主，所以引申为"朝向"；朝见时必须下拜，所以引申为"朝拜"；朝见是在宫廷里举行，所以朝见的地点叫"朝廷"；朝廷是封建王朝统治的中心，所以由"朝廷"引申出"王朝"；王朝兴亡更替，改朝换代，所以由"王朝"又引申为"朝代"。这些引申义并非从"朝"的本义"早晨"开始的，而是从"朝见"这个引申义发展出来的，词义的演变中心已经转换了。

这是词义引申的几种方式。我们掌握了词义扩大引申的规律，就可以清楚地知道词的本义和引申义之间的关系，也可以窥见词义演变的脉络和系统。而且掌握了这些规律，还可以帮助我们理解和记忆文言词义。如果遇到一个多义词，不理解它在某一特定语言环境中的意义时，最好运用古汉语多义词本义和引申义的关系的知识去辨析、判定它的意义，这将更能经济有效地提高我们阅读文言文的能力。

词义经过引申发展，大致会出现以下四种情况。

1. 词义的扩大。这种情况主要是一个词从表示个别的意义引申为表示一般的或抽象的意义，这样就造成词义的扩大。如"鸣"，《说文解字》："鸟声也，从鸟从口。"所以它的本义是"鸟叫"。后来词义扩大，引申为一般动物的鸣，如"鸟鸣、鹿鸣、鹤鸣、蝉鸣"等；接着又扩大到一般物体发出的声音也叫"鸣"，如"钟鸣、雷鸣、机鸣"等；然后又从一般物体的鸣扩大到人的方面，如"百家争鸣""自鸣得意"。又如"美"字，从羊从大。徐铉说："羊大则美。"意思是羊肥大了，味道鲜美，这是它的本义。《说文解字》："美，甘也。"段玉裁注："五味之美皆曰甘。"这是它的引申义，是从羊肉味道的美类推出来的；又引申为凡是好的都叫作"美"。

2. 词义的缩小。有一些词原来表示一般的笼统的意义，后来引申为具体、单一的意义。这种现象可使人们在说话上更加明确，不过词义是缩小了。例如"谷（穀）"字，《说文解字》："谷，百谷之总名。"它的本义是各种谷物。《诗经·豳风·七月》"其始播百谷"，《论语·微子》"四体不勤，五谷不分"，其中的谷都是这个意思。不过，现在所说的谷，在南方指的是稻谷，在北方指的是还未脱壳的小米，都是指粮食的一种。又如"子"，它的本义是"孩儿"，不论男性或女性都可以称为"子"。又从此义引申为"儿女"。《战国策·赵策》："丈夫亦爱怜其少子乎？"这个"子"是指"男"。《诗经·周南·桃夭》："之子于归，宜其室家。"这个"子"是指"女"。但到后来，"子"是专指"儿子"了。又如"金"，在古代泛指一切金属，五金都可以称"金"。《荀子·劝学》："金就砺则利。"这里的"金"指一切金属刀具。但到后来，"金"就专指"金子"了。

3. 词义的转移。词义的转移，是指古代的词义演变到今天，意思已经转换了，今天的词义比之古代已经有所不同了，这也是词义引申的一个方面。例如"兵"，《说文解字》："兵，械也。""兵"的本义是"兵器""武器"，如《楚辞·九歌·国殇》

"车错毂兮短兵接"，苏洵《六国论》"六国破灭，非兵不利"，其中的"兵"都是指"兵器"。后来词义引申，转指持兵器的人了。又如"捉"，《说文解字》："捉，搤（读è，同扼）也。"又："搤，捉也。"二字互训，是握持的意思。如"捉刀"就是握刀，"捉发"就是握发。现在的"捉"是"捕捉"的意思，词义也转移了。

4. 词的含义和感情色彩的变化。有些中性词变成了贬义词。如"谤"字，它的本义是公开指责别人的过失。例如《国语·周语上》："厉王虐，国人谤王。"可是后来"谤"就转为"毁谤"，说别人坏话的意思。如《史记·屈原列传》："信而见疑，忠而被谤。"（诚实却被别人怀疑，忠心却遭到别人的毁谤）这是由中性变为贬义词了。又如"贿"字，《说文解字》："贿：财也。"段玉裁注："周礼注曰：金玉曰货，布帛曰贿，析言之也，许浑言之，货贿皆释曰财。"可见"贿"的本义为"财物"。例如《诗经·卫风·氓》："以尔车来，以我贿迁。"（驾上你的车来，把我的财物〔嫁妆〕运走）《左传·隐公十一年》："凡而器用财贿无置于许。"（凡是你的器用财物，不要放在许城）以上的"贿"都是财物的意思。《左传·文公十二年》："厚贿之。"这里的"贿"是赠送财物的意思，名词用作动词。后来"贿"作为"贿赂，用财物收买"讲。如韩愈《永贞行》："公然白日受贿。""贿"的含义彻底由中性词变为贬义词了。

有些中性词变成了褒义词。如"瑞"字，在先秦两汉时包括吉兆和凶兆。例如《论衡·指瑞》："不吉之瑞。"（不吉祥的预兆）可见"瑞"是个中性词。但是后来"瑞"只指吉兆。如《新唐书·郑仁表传》："天瑞有五色云。"（天呈瑞气现出五色祥云）这就由中性词变成褒义词了。又如"祥"字，最初也是中性词，有"预兆、征兆"的意思，吉凶征兆都可以叫"祥"。如

《左传·僖公十六年》："是何祥也，吉凶焉在？"先问"祥"，后问"吉凶"，正说明"祥"包括吉凶。可是后来"祥"变成"吉利、吉祥"的意思。如贾谊《吊屈原赋》："逢时不祥。"意思是生的时代对自己不利。这个"祥"就变成褒义词了。

有些褒义词变成了贬义词。如"横行"，在古汉语中是"纵横驰骋"的意思，是褒义的。例如司马光《赤壁之战》："当横行天下，为汉家除残去秽。"（应当纵横驰骋天下，为汉朝铲除奸邪，消灭祸患）现代汉语中的"横行"是"横行霸道"的意思，贬义词。

有些贬义词变成了褒义词。如"后来居上"，《史记·汲郑列传》："陛下用群臣，如积薪耳，后来者居上。"意思是皇上用臣子，就像堆积柴草一样，后来的放在上面。原指资格浅的反而放在资格老的上面，受到重用，这是指责皇上的用人不当，这个词语用在这里是贬义的。后来用"后来居上"表示后来的人或事物超过先前的，新生事物应该替换陈旧的事物，这是褒义的。

上述的这四种情况，基本上能说明词义引申的一般现象，而且也说明了词的本义和引申义之间的关系以及二者之间的差异。我们前面曾经谈到古今词义的差异问题，古今词义之间为什么会有差异呢？在这里可以约略看出一些端倪。有的牵涉到词义范围的大小问题，有的牵涉到词义的转移问题，有的牵涉到词义和词的感情色彩的变化问题，这都是词义引申变化因果关系的具体表现。

（三）词的本义和引申义举例

爱

"爱"，本作"愛"。《说文解字》："愛，行儿，从夂，炁声。""行儿"，即行动的样子。《说文解字》："炁，惠也。""炁"才是"仁爱、亲爱"的"爱"。段玉裁注："今字假愛为炁而炁废矣。"可见"愛"是"炁"的假借字。"爱"的本义是"爱、亲爱"。引申为"喜爱、爱怜"；由"喜爱、爱怜"引申为"不忍、怜惜"；由"不忍、怜惜"引申为"吝惜、舍不得"。如：

① 爱、亲爱。

爱其母。（《左传·隐公元年》）

——爱他的母亲。

② 喜爱、爱怜。

老臣贱息舒祺，最少，不肖，而臣衰，窃爱怜之。（《战国策·赵策》）

——我的孩子舒祺，是顶小的，没出息，可是我老了，就特别爱怜他。

③ 不忍、怜惜。

爱其二毛，则如服焉。（《子鱼论战》）

——如果要怜惜那些头发花白的人，那就应该向他们投降。

④ 吝惜、舍不得。

甚爱必大费。（《老子》第四十四章）

——过分吝惜必将导致更多的破费。

百姓皆以王为爱也，臣固知王之不忍也。（《孟子·梁惠王上》）

——老百姓都以为大王是吝啬，我早知道大王是不忍心啊。

〔注〕古代的"爱"很多当"吝啬、舍不得"讲，不要误解为"亲爱"的"爱"。

拔

《说文解字》："拔，擢也。从手，犮声。""擢"即引抽的意思。"拔"是个形声字，本义是"拔出来、抽出"。引申为"选拔"；由"选拔"引申为"突出、超出"；又从"选拔"的同义词"拔取"引申为"攻取"。如：

① 拔出来、抽出。

樊哙覆其盾于地，加彘肩上，拔剑切而啗之。（《史记·项羽本纪》）

——樊哙把盾翻过来，搁在地上，把猪腿放在上面，抽出宝剑切着吃。

拔剑，剑长，操其室。（《史记·荆轲列传》）

——秦王去抽自己佩带的宝剑，剑身长，握着剑鞘。

② 选拔。

是以先帝简拔以遗陛下。（诸葛亮《出师表》）

——因此先皇选拔（他们）留给陛下。

③ 突出、超出。

势拔五岳掩赤城。（李白《梦游天姥吟留别》）

——山势超出五岳，遮掩了赤城山。

④ 攻取。

其后，秦伐赵，拔石城。（《史记·廉颇蔺相如列传》）

——之后，秦国讨伐赵国，攻占了赵国的石城。

拜

"拜"从二手，是个会意字。段玉裁《说文解字注》："拜，首至手也。"《文字蒙求广义》："拜，从两手并下，首至手也。"所谓"首至手"就是既跪而拱手，而头俯至于手，与心平。所以"拜"是一种表示恭敬的礼节，即跪拜之礼。由此又引申为"谒见、拜见"。因为古时任命大臣要举行拜礼，所以"拜"就引申为"任命""授官"。如：

① 跪拜之礼。

于是赵王乃斋戒五日，使臣奉璧，拜送书于廷。(《史记·廉颇蔺相如列传》)

——于是赵王就斋戒了五日，叫我捧着玉璧，亲自在朝堂上恭恭敬敬地行了跪拜之礼送出国书。

② 谒见、拜见。

孔子时其亡也而往拜之。(《论语·阳货》)

——孔子赶在阳货外出时前往拜见他。

③ 任命、授官。

以相如功大，拜为上卿。(《史记·廉颇蔺相如列传》)

——因相如功劳大，任命他为上卿。

至拜大将，乃信也。(《史记·淮阴侯列传》)

——赶到登台拜任大将的时候，却是韩信。

〔注〕若授予某人官职而他推辞不就职，叫"不拜"。如《指南录后序》："于是辞相印不拜。"意思是辞去了右丞相的官职，不接受任命。

报

"报"本写作"報"。这个字由两部分构成，右边的"殳"是

"服"的本字，甲骨文写作"𦚤"，象一只手揪着一个人跪在那里。左边不是"幸福"的"幸"，是"㚔"（niè）的变形，甲骨文写作"𢆉"，是手铐的象形。合在一起是使罪人服罪的意思。所以"报"的本义是"断狱、判决罪人、给罪犯以应得的处分"。例如苏林注《汉书·苏建传》："处分其罪，以上闻曰奏当，亦曰报也。"意思是奉命办事完毕，回来报告。给人回信、作答复也是这个意思。由"回报"引申为"回赠"，即接受了别人的东西以后，还送给他东西以为回答。也可以引申为报答别人的恩惠或仇恨，即"报恩、报仇"，如"以德报怨"或"恩将仇报"。如：

① 断狱、判决罪人。

报而罪之。(《韩非子·五蠹》)

——判决处分他。

② 奉命办事完毕，回来报告。

庙成，还报孟尝君。(《战国策·齐策》)

——宗庙建成了，冯谖回来报告孟尝君。

③ 给回信，答复。

计未定，求人可使报秦者，未得。(《史记·廉颇蔺相如列传》)

——计策没定下来，想找个能做使者去回答秦国的人也没有找到。

阙然久不报，幸勿为过。(司马迁《报任安书》)

——时间隔了很久没有回复，请你不要怪罪。

④ 接受了别人的礼物，还送礼物以为答谢。

投我以木瓜，报之以琼琚（jū）。(《诗经·卫风·木瓜》)

——你把木瓜送给我，我就拿琼琚这样美丽的佩玉作为回报。

〔注〕"报"的以上引申义一直沿用到现在，是古今相同的，不过它的本义"判决、治罪"在现代汉语里已经消失。

本

《说文解字》："木下曰本，从木，一在其下。"这是一个指事字。本义是"草木的根或茎干"，跟末相对。引申为"根本、基础、事情的开始"；也可以作副词，作"本来"用。如：

① 草木的根干。

伐木不自其本，必复生。(《国语·晋语一》)

——砍伐树木不从它的根干开始，必然还会复生。

② 根本。

君子务本。(《论语·学而》)

——君子致力于根本。

今殴民而归之农，皆著于本。(贾谊《论积贮疏》)

——现在驱赶老百姓回到农业，都去从事于根本的农业生产。

③ 事情的开始。

且事本末未易明也。(司马迁《报任安书》)

——并且事情的开始、结果不是容易明白的啊。

④ 用如动词，表示作为基础。

本之书以求质。(柳宗元《答韦中立论师道书》)

——把《尚书》作为基础，以求它的朴实。

⑤ 副词，本来（后起义）。

本图宦达，不矜名节。(李密《陈情表》)

——本来只想做官显达，不想拿隐逸的名节来骄矜自负。

兵

"兵"小篆作�︀，从手持斤，斤是斧子，六是�的简化，故"兵"是个会意字。《说文解字》："兵，械也。""兵"本义是"兵器、武器"。引申为"士兵、军队"；又引申为"军事、战争"。如：

① 兵器、武器。

擐（huàn）甲执兵。（《左传·成公二年》）

——穿上铠甲，拿起武器。

乃令骑皆下马步行，持短兵接战。（《史记·项羽本纪》）

——就命令骑兵都下马步行，拿着短武器交战。

② 士兵、军队。

败其徒兵于洧（wěi）上。（《左传·襄公元年》）

——把郑国的军队打败在洧水上。

项羽兵四十万，在新丰鸿门。（《史记·项羽本纪》）

——项羽的军队有四十万，驻扎在新丰鸿门。

③ 军事、战争。

凡用兵之法，全国为上，破国次之。（《孙子·谋攻》）

——大凡运用战争的法则，使敌国完整地屈服是上策，攻破敌国就差一等。

秉

"秉"在小篆里作秉。《说文解字》："禾束也，从又持禾。""秉"是个会意字，本义是"一把禾（谷物）"。引申为"拿着、持着"；又从"拿着、持着"的意义引申为"主持、掌握"。如：

① 一把禾（谷物）。

彼有遗秉。(《诗经·小雅·大田》)

——那里有丢掉的一把庄稼。

② 拿着、持着。

昼短苦夜长，何不秉烛游。(《古诗十九首》)

——白天短而又发愁夜间长，为什么不持着灯烛来度过呢？

③ 主持、掌握。

秉国之均。(《诗经·小雅·节南山》)

——执掌国家大权。

〔注〕现在有"秉公处理""秉公论断"，也是这个意义。

病

《说文解字》："病，疾加也。从疒，丙声。"《玉篇》："病，疾加甚也。""病"是个形声字，本义是重病。引申为"身体疲劳""精神上担心、惧怕或不痛快""操行、品德上的缺点"；再扩大引申为"事情的困顿或不利"。如：

① 重病。

子疾病。(《论语·子罕》)

——孔子病了，病得很重。

人病则忧惧，忧惧见鬼出。(王充《订鬼》)

——人们一生了病就担心害怕，一担忧害怕就会看见鬼出现。

〔注〕一般的病古代叫"疾"，重病才叫"病"。现在大、小病都叫"病"。

② 身体疲劳。

今日病矣，予助苗长矣。(《孟子·公孙丑下》)

——今天我疲劳了，我已经帮助禾苗生长了。

③ 精神上担心、害怕或不痛快。

君子病无能焉，不病人之不己知也。（《论语·卫灵公》）

——君子担心自己的无能，不担心人们不知道自己。

圣人非所与熙也，寡人反取病焉。（《晏子春秋·晏子使楚》）

——有学问的人是不能和他闹着玩的，我反而因此讨得不痛快。

④ 操行、品德上的缺点。

是人也，乃曰："不如舜，不如周公，吾之病也。"（韩愈《原毁》）

——这个人却说道："不如舜，不如周公，是我的缺点。"

步

"步"，甲骨文作，象两脚走路。"步"是个会意字，本义是"步行，一般的行走"。后来对于"步"规定一定的数量，迈出半步（一足）为跬，两足各迈出一次叫步。后又规定"步"为长度单位，六尺为步。如：

① 步行，一般的行走。

乃自强步，日三四里。（《战国策·赵策》）

——就自己勉强走动走动，一天走三四里。

② 两足各迈出一次叫步。

故不积跬步，无以至千里。（《荀子·劝学》）

——所以说不把半步一步积累起来，就不能达到千里远的地方。

③ 长度单位。

以五十步笑百步，则何如？（《孟子·梁惠王上》）

——以自己退逃五十步来嘲笑退逃一百步的人，那又怎么样呢？

〔注〕周代以八尺为步，秦代以六尺为步，旧制以营造尺五尺为步。

操

《说文解字》："操，把持也，从手，喿声。""操"是个形声字，本义是"拿着"。引申为"掌握、运用、采取、用、从事、担任"等，作动词用。由"采取、采用"这个意义引申为一个人在行为、品德方面所采取的身体力行的标准——"操行、品德"，作名词用。如：

① 拿着。

操吴戈兮被犀甲。(《楚辞·九歌·国殇》)

——手拿着吴国的戈啊，身披着犀牛皮制成的甲衣。

操刀挟盾。(徐珂《冯婉贞》)

——拿着刀，带着盾。

② 掌握、运用。

操其奇赢，日游都市。(晁错《论贵粟疏》)

——运用他得的利润，每天在都市游乐。

③ 采取、采用。

所操之术，多异故也。(王安石《答司马谏议书》)

——所采取的政治措施，多有不同的缘故。

④ 从事、担任。

邑有成名者，操童子业。(蒲松龄《促织》)

——当地有个叫成名的人，从事应考秀才的职业。

⑤ 操行、品德。

夫之谓德操。(《荀子·劝学》)

——这就叫作品德操行。

虽贾人，有贤操。(《汉书·张汤传》)

——虽然是商人，但有好的品德。

策

"策"是个"从竹，朿声"的形声字。《说文解字》："策，马箠也。"《说文解字》："箠，击马也。""策"的本义是竹制的马鞭子，名词。引申为"鞭打"，作动词。段玉裁注："策犹筹，筹犹算，筹所以计历数，谋而得之犹用筹而得之也。故曰算，曰筹，曰策，一也。"所以"策"有计算的意义。又由计算引申为"计策、策略"，名词。如：

① 竹制的马鞭子。

犹无辔策而御駻马。(《韩非子·五蠹》)

——就像没有笼头、马鞭而驾驭烈马。

及至秦王，续六世之余烈，振长策而御宇内。(贾谊《过秦论》)

——直到秦始皇，承继着六代传下来的事业，振动了长鞭去统治天下。

② 鞭打。

策蹇驴，囊图书，夙行失道，望尘惊悸。(马中锡《中山狼传》)

——用鞭赶着跛驴，用口袋装着图书，清晨赶路迷失了道路，望见风尘很害怕。

③ 计策、策略。

均之二策，宁许以负秦曲。（《史记·廉颇蔺相如列传》）

——比较一下这两个对策，宁可答应，来让秦国承担理亏的责任。

承

《说文解字》："承，受也。"《文字蒙求广义》："承，奉也，受也。贡之于上、受之于上皆曰承。""承"的本义是"捧着、承接"。引申为"接受"；由"接受"的意义引申为"承担、担任"；再扩大之，引申为"接续、继承"。如：

① 捧着、承接。

持节承诏。（《汉书·文帝纪》）

——拿着符节，捧着诏书。

外有八龙，首衔铜丸，下有蟾蜍，张口承之。（《后汉书·张衡传》）

——外面有八个龙形的部件，每个龙头的嘴里衔着一只铜弹丸，仪器下部装着八只蛤蟆，张着嘴在等着接那落下来的弹丸。

② 接受。

敢不承命。（《左传·僖公十五年》）

——怎敢不接受您的命令。

寡人愿安承教。（《孟子·梁惠王上》）

——我很高兴接受您的指教。

③ 承担、担任。

敢告不敏，摄官承乏。（《左传·成公二年》）

——我冒昧地向您告禀，我是不会办事的；人才缺乏，自己只好承担充数。

其乡人有杀人者，因代承之。(方苞《狱中杂记》)

——他的同乡中有个杀了人的，他便趁机代替那凶手承担罪名来服刑。

④ 接续、继承。

孤承父兄余业。(《三国志·吴志·鲁肃传》)

——我承继父兄遗留下来的事业。

筹

"筹"是个"从竹，寿声"的形声字。《说文解字》:"筹，壶矢也。""筹"是在古代宴饮时，作为消遣娱乐用的竹签，即酒筹，用来行酒令。这是它的本义，名词。因为"筹"也可作为计算用具，就引申为"计算、筹划、出计谋"，作为动词用。如:

① 酒筹。

座上觥筹交错。(《三国演义》第四十五回)

——席上酒器、酒筹交互错杂。

② 计算、筹划、出计谋。

请为将军筹之。(司马光《赤壁之战》)

——请让我来替您分析筹划一下。

垂

"垂"在小篆里写作垂，是由 and "土"合成的会意字。上部的 表示枝叶下垂，下部的"土"代表地，"垂"字是枝叶垂地的形象。所以本义是"由上垂下"。由"垂下"的意义引申为"将近、接近"；由"接近边际"的意义引申为"边疆、边陲(同垂)"；再由"向下"的意义引申为对人的尊敬，自己的谦卑。如:

① 由上垂下。

黄发垂髫（tiáo），并怡然自乐。（陶渊明《桃花源记》）

——那些花白头发的老人和头发下垂的小孩，都无忧无虑，十分快乐。

入其舍，则密室垂帘。（蒲松龄《促织》）

——进了他的屋，就看见有个密室，垂挂着帘子。

〔注〕现在有"垂柳""垂杨"以及抽象意义的"永垂不朽"，其中的"垂"都是这个意义。

② 将近、接近。

四海未宁静，垂老不得安。（杜甫《垂老别》）

——天下还不平静，年纪将老的人也不得安生。

设想英雄垂暮日。（龚自珍《己亥杂诗》）

——试想英雄到了将近晚年的时候。

③ 有时用来表示对人的尊敬，不便译出。

请诉之，愿丈人垂听。（马中锡《中山狼传》）

——让我告诉您这件事，希望您听一听。

次

《说文解字》："次，不前不精也。"段玉裁注："不前不精，皆属次之意也。"本义是"居次、较下一等"。引申为"依顺序排列"；由此又引申为"行军临时驻扎或行旅中的住处"。如：

① 居次、较下一等。

太上有立德，其次有立功，其次有立言。（《左传·襄公二十四年》）

——古时的圣人，其德及于后世；次于圣人的贤人，其功被于后世；又次于贤人的人，有言传于后世。

② 依顺序排列。

陈胜吴广皆次当行。(《史记·陈涉世家》)

——陈胜吴广按编制顺序都应前往。

③ 行军临时驻扎或行旅中的住地。

凡师一宿为舍，再宿为信，过信为次。(《左传·庄公三年》)

——大凡军队第一次宿营叫作舍，第二次宿营叫作信，超过第二次的叫作次。

师进，次于陉。(《左传·僖公四年》)

——军队前进，驻扎在陉地。

初一交战，操军不利，引次江北。(司马光《赤壁之战》)

——刚一交锋，曹操的军队失利，就后退驻扎在江北。

〔注〕现在旅行临时住宿的地方还叫"次"，如"旅次""途次"等。但上古的"次"不作量词用，是和现今不同的地方。

辞

在《说文解字》里有两个"辞"字："辝，不受也"，"辭，说也"。这两个"辞"字的字形不同，意义也不一样。不过，段玉裁注："《世说新语》：'蔡邕题曹娥碑：黄绢、幼妇、外孙、韲 (jī) 臼。解之曰：韲臼所以受辛，辝字也。'按此正当作辭，可证汉人辝、辭不别耳。"实际上两个字是可以通用的，而且古书中都作"辭"，不写作"辝"，现在只写作"辞"。"辞"的本义是"不接受、推辞"。由"推辞"引申为"告辞、辞别"；又从"辞，说也"的意义引申为"言辞、辞令、文辞"。如：

① 不接受、推辞。

公辞焉。(《左传·僖公三十二年》)

——秦穆公不接受。

臣死且不避，卮酒安足辞。(《鸿门宴》)

——我连死也不躲避，一碗酒哪里用得着推辞。

② 告辞、辞别。

遂辞平原君而去。(《战国策·赵策》)

——就和平原君辞别离去了。

臣等不肖，请辞去。(《史记·廉颇蔺相如列传》)

——我们实在不中用，请让我们告辞回家。

旦辞爷娘去，暮宿黄河边。(《木兰诗》)

——早晨告别爹娘出发了，晚上驻宿到黄河边。

③ 言辞、辞令。

晏婴，齐之习辞者也。(《晏子春秋·晏子使楚》)

——晏婴是齐国熟悉外交辞令的人。

明于治乱，娴于辞令。(《史记·屈原列传》)

——(屈原)很了解治乱的道理，熟悉外交辞令。

④ 文辞。

屈原既死之后，楚有宋玉、唐勒、景差之徒，皆好辞而以赋见称。(《史记·屈原列传》)

——屈原死了以后，楚国又有宋玉、唐勒、景差那一班人，也都爱好文辞，并且因为擅长作赋受到称赞。

〔注〕"辞"在"言辞、文辞"这两个意义上与"词"相通。"辞"还是古代文体的一种，如"楚辞"。

从

"从"本来写作"從"。《说文解字》："随行也。""从"表示一个人跟随一个人在走路，会意字，本义是"跟从、随着"。从行动

上的"跟从"引申为思想上的"依从、听从";意义扩大,引申为
"归顺、参与";又从"随从"的反义引申为"带领";还可以作
"自、由"解,表示从某地出发,从某时开始。又同"纵"。如:

① 跟从、随着。

子路从而后。(《论语·微子》)

——子路跟随着孔子而落在后面。

赵王遂行,相如从。(《史记·廉颇蔺相如列传》)

——赵王于是就去赴会,蔺相如跟着他去了。

② 依从、听从。

臣从其计。(《史记·廉颇蔺相如列传》)

——我听从了他的计划。

公子从其计,请如姬。(《史记·信陵君列传》)

——魏公子听从了他的计划,请求如姬。

③ 归顺、参与。

民弗从也。(《左传·庄公十年》)

——老百姓是不会归顺你的。

从军有苦乐,但问所从谁。(王粲《从军诗》)

——参加军队有苦有乐,只是要问所参加的是谁的军队。

④ 带领。

坐定,公子从车骑,虚左,自迎夷门侯生。(《史记·信陵君
列传》)

——客人坐好了,公子带领着车马,把车上左边的上位空起
来,亲自去迎接看守夷门的侯先生。

⑤ 自、由,表示从某地开始,从某时开始。

从是以后,不敢复言为河伯娶妇。(褚少孙《西门豹治
邺》)

——自这以后，没有敢再说为河伯娶媳妇的了。

⑥同"纵"，南北曰从，东西曰横。

于是从散约解，争割地而赂秦。（贾谊《过秦论》）

——于是合纵缔约已经瓦解失败，都争着割让土地来贿赂秦国。

旦

"旦"是个会意字，表示太阳初升。《说文解字》："旦，明也。"段玉裁《说文解字注》："明，当作朝。下文云朝者，旦也。二字互训。"可见"旦"作"明"解，只是引申义，它的本义是"朝"，也就是"早晨"。引申为"白天"。"旦"又和"日"结合为"旦日"，表示第二天。"旦"字重叠为"旦旦"，作"天天"解。如：

① 早晨。

旦辞爷娘去，暮宿黄河边。（《木兰诗》）

——早上辞别了爷娘，晚上宿营在黄河边。

② 白天。

其夜梦旦所见鱼变为人。（《晋书·刘元海载记》）

——这一夜梦见白天所见的鱼变成了人。

③ 旦日，表示第二天。

旦日飨士卒。（《史记·项羽本纪》）

——明天犒赏士兵。

④ 旦旦，作天天讲。

岂若吾乡邻旦旦有是哉。（柳宗元《捕蛇者说》）

——哪像我的乡邻天天这样惶恐不安呢？

道

《说文解字》："道，所行道也，从辵（chuò），从首。"《尔雅·释宫》："一达谓之道。""道"是个会意字，本义是"道路"。引申为为达到某种目的而采取的"办法、手段、途径"；又引申为"道理、道义""思想、学说"等；在封建社会认为某种思想或政治措施得以贯彻而出现的好的政治局面也叫"道"，都是名词。还作为动词用，表示一种抽象的道理须用言词叙说出来，引申为"述说、谈论"。"道"又同"导"。如：

① 道路。

道阻且长。(《诗经·秦风·蒹葭》)

——道路阻塞而且长远。

民扶老携幼，迎君道中。(《战国策·齐策》)

——老百姓扶老携幼，在道路上迎接孟尝君。

② 办法、手段、途径。

交邻国有道乎？（《孟子·梁惠王上》）

——结交邻国有什么好的办法吗？

③ 道理、道义。

得道者多助，失道者寡助。(《孟子·公孙丑下》)

——坚持道义的人帮助他的人就多，失去道义的人帮助他的人就少。

④ 思想、学说。

吾道一以贯之。(《论语·里仁》)

——我的思想可以用一个道理把一切事物之理贯串起来。

⑤ 好的政治局面。

邦有道则仕，邦无道则隐。(《论语·卫灵公》)

——国家出现好的政治局面就出来做官，时局不好就退隐。

盗

“盗”本来写作“盜”，是个“从㳄从皿”的会意字。《说文解字》：“盜，私利物也。从㳄，㳄欲皿者。”《文字蒙求广义》：“盜，欲皿而垂㳄也。”意思是看到别人食器里的东西而垂㳄（同“涎”，口水，见《玉篇》），因起偷窃之心。“盗”的本义是“盗窃”，作动词用。引申为“偷东西的人、小偷”，作名词用。如：

① 盗窃。

盗器为奸。（《左传·文公十八年》）

——盗人器物，就谓之奸邪。

盗名不如盗货。（《荀子·不苟》）

——欺世盗名的家伙连偷窃财物的小偷都不如。

得无楚之水土使民善盗也。（《晏子春秋·晏子使楚》）

——莫非楚国的水土叫人专门偷东西吗？

② 偷东西的人、小偷。

窃货曰盗。（《荀子·修身》）

——偷窃人家的财物叫作盗。

〔注〕古代把偷窃财物的叫作“盗”，把抢劫或明目张胆、极其凶恶地干坏事的叫作“贼”。现在正好相反，是把抢劫或明目张胆干坏事的叫作“盗”，即古代的所谓“贼”，而把偷东西的人叫作“贼”，“盗”的字义转化了。古时也可以把强盗叫作“盗”，不过这个意义不够普遍。

伐

“伐”甲骨文作[illegible]，象人颈被戈所割之状，本义是“用戈杀人”。引申为“进攻、攻伐”；又引申为“砍伐”。因为进攻别国时还得振振有词地吹嘘一番，所以“伐”的另一个意义是“夸耀"。如：

① 用戈杀人。

八日辛亥，允戈伐人二千六百五十六。(《卜辞》)

——在八日辛亥那天的战斗中，用戈击杀敌人二千六百五十六人。

② 进攻、攻伐。

公伐诸鄢。(《左传·隐公元年》)

——郑庄公向鄢进攻。

其后，魏伐赵。(《史记·孙子吴起列传》)

——以后，魏国进攻赵国。

〔注〕"伐"不一定是上进攻下，也不一定是"有道"进攻"无道"，它和"征"的用法不同。

③ 砍伐。

坎坎伐檀兮。(《诗经·魏风·伐檀》)

——叮叮当当地砍伐檀木啊。

取彼斧戕(qiāng)，以伐远扬。(《诗经·豳风·七月》)

——拿起你那方孔的斧子，来砍伐那长得长而高扬的枝条。

④ 夸耀。

愿无伐善，无施劳。(《论语·公冶长》)

——希望不要夸耀自己的好处，也不要表白自己的功劳。

访

《说文解字》："泛谋曰访，从言，方声。"是个形声字。《尔雅·释访》："访，谋也。""泛访"是"广泛咨询"的意思。所以它的本义是咨询(征求意见)。因为向人咨询是和拜望联系着的，所以又引申为"拜候、探望"。又引申为"探寻(古迹、名胜)"。如：

① 咨询。

穆公访诸蹇（ jiǎn ）叔。（《左传·僖公三十二年》）

——秦穆公向蹇叔咨询意见。

② 拜候、探望。

访旧半为鬼，惊呼热中肠。（杜甫《赠卫八处士》）

——探望旧友已多半不在人世，我不禁吃惊呼叫，内心发热，感伤万分。

③ 探寻（古迹、名胜）。

平台访古游。（杜甫《玉台观》）

——平台上探寻古人游览的胜地。

负

"负"，小篆作"負"。《说文解字》："恃也，从人守贝，有所恃也。"是个会意字，本义是"依仗、依赖"。引申为"背着"；由具体的"背着"引申为抽象性的"承担"；又引申为"承担"的反义词"违背"；由"违背"又引申为"辜负、对不起"。如：

① 依仗、依赖。

自负其能，数与虏敌战。（《史记·李将军列传》）

——（李广）自恃武艺高强，多次与匈奴打硬仗。

秦贪，负其强，以空言求璧，偿城恐不可得。（《史记·廉颇蔺相如列传》）

——秦国贪得无厌，仗恃它的强大，拿空话来求玉璧，给予城池恐怕赵国得不到。

② 背着。

绝云气，负青天。（《庄子·逍遥游》）

——飞越云气最高处，背负着青天。

廉颇闻之，肉袒，负荆，因宾客至蔺相如门谢罪。(《史记·廉颇蔺相如列传》)

——廉颇听到这番话，他敞开衣服，背着荆条，由宾客们陪同，赶到蔺相如家登门请罪。

③ 承担。

均之二策，宁许以负秦曲。(《史记·廉颇蔺相如列传》)

——衡量这两个对策，宁可答应给秦国玉璧，使秦国担负理亏的责任。

④ 违背。

相如度秦王虽斋，决负约不偿城。(《史记·廉颇蔺相如列传》)

——相如估计到秦王虽然斋戒，但是一定会违背信约不给赵国城池。

⑤ 辜负、对不起。

臣诚恐见欺于王而负赵。(《史记·廉颇蔺相如列传》)

——我实在害怕受大王的欺骗而辜负了赵国。

赴

"赴"，《说文解字》："趋也，从走，仆省声。"是个形声字，本义是"奔向、投向"，特指投向险恶的处所和危险的境地。引申为"奔告丧事"。又从本义"奔向"引申为"往、到、参加"。如：

① 奔向、投向，特指投向险恶的处所或危险的境地。

若赴水火，入焉焦没耳。(《荀子·议兵》)

——如同投向水火里面，入火就被烧焦，入水就被淹没。

虽赴水火犹可也。(《史记·孙子吴起列传》)

即使是叫他们跳进水火中去，也是可以办到的。

〔注〕"赴"的"奔向、投向"的意义还保留在"赴汤蹈火""共赴时艰"等成语里。后来用作一般的"奔向"，如"群山万壑赴荆门"（杜甫《咏怀古迹》），这里的"赴"就是中性词"奔向"。

② 奔告丧事。

周烈王崩，诸侯皆吊，齐后往。周怒，赴于齐。（《战国策·赵策》）

——周烈王死了，各国诸侯都来吊丧，齐国最后才去。周朝发怒，派人到齐国奔告丧事。

〔注〕报丧的"赴"后来写作"讣"，如"讣告"。

③ 到、往、参加。

万里赴戎机，关山度若飞。（《木兰诗》）

——奔走万里去参加战争，像飞一般越过关隘高山。

欲以客往赴秦军，与赵俱死。（《史记·信陵君列传》）

——想要率领门客去到秦军那里一拼，和赵国一起死。

〔注〕现在还有"赴会""赴约""赴宴"等，其中"赴"都是这个意思。

攻

"攻"的本义是"进攻、攻击"。《说文解字》："击也，从攴（pū），工声。"是个形声字。引申为"指责、谴责"，是用言语向别人进攻的意思。段玉裁注："《考工记》攻木、攻皮、攻金，注曰：攻犹治也。此引申之义。"故引申为"攻治"，指的是进行工作，特指匠人及其他手工业的工作，如建筑、雕琢等，由此可以比喻学习上的努力和钻研。如：

① 进攻、攻击，指军事进攻。

以此攻城，何城不克？（《左传·僖公四年》）

——用这么多的将士攻打城池，什么城池不能攻破呢？

环而攻之不胜。（《孟子·公孙丑下》）

——把它包围起来攻打，可老是攻不破。

② 指责、谴责，指言语进攻。

小子鸣鼓而攻之可也。（《论语·先进》）

——徒弟们，你们敲起鼓来对他进行谴责好了。

无攻人之恶。（《论语·子路》）

——不要指责别人的缺点。

③ 进行工作，特指匠人及其他手工业的工作，如建筑、雕琢等。

它山之石，可以攻玉。（《诗经·小雅·鹤鸣》）

——别的山上的石头可以用来磨玉石。

④ 学习上的努力和钻研。

闻道有先后，术业有专攻。（韩愈《师说》）

——懂得道理有先有后，学术业务有专门的研究。

顾

《说文解字》："顾，还视也。从页、雇声。""顾"是形声字，本义是"转头看"。引申为"看、视"；由"看"的意义引申为"拜访、访问、照顾、顾及"。由"回头看"的意义引申为"回来、返"；又引申为抽象意义的"回想、想"。又可以表转折，作"但是、反而"解。如：

① 回头看。

相如顾召御史曰："某年月日，秦王为赵王击缶。"（《史记·廉颇蔺相如列传》）

——蔺相如回头召唤赵国御史书写道："某年某月某日，秦王给赵王敲了瓦缶。"

北顾巨峡，丹崖翠壁。（薛瑄《游龙门记》）

——转头向北望到那巨大的峡谷，朱红的岩石、苍翠的石壁。

② 看、视。

伯乐学相马，顾玩所见，无非马者。（王充《订鬼》）

——伯乐学习相马的时候，仔细端详所看见的东西，没有不看作是马的。

狼奄至，引首顾曰。（马中锡《中山狼传》）

——狼突然来了，伸着头看着说。

③ 拜访、访问。

将军宜枉驾顾之。（《隆中对》）

——将军最好委屈自己，亲自去拜访。

三顾臣于草庐之中。（诸葛亮《出师表》）

——（先主）曾经三次亲自到我居住的茅庐来拜访我。

④ 照顾、顾及。

三岁贯女，莫我肯顾。（《诗经·魏风·硕鼠》）

——养活你多年，但你从不肯照顾我。

⑤ 回来、还。

顾反，谏怀王曰："何不杀张仪？"（《史记·屈原列传》）

——回来，规劝怀王说："怎么不把张仪杀掉？"

⑥ 回想、想。

屈原既嫉之，虽流放，眷顾楚国，系心怀王。（《史记·屈原列传》）

——屈原恨透了那帮坏人，虽然被放逐在外地，总想念楚国，惦记着楚怀王。

⑦ 但是、反而。

顾吾念之，强秦之所以不敢加兵于赵国者，徒以吾两人在也。（《史记·廉颇蔺相如列传》）

——但我考虑到，强大的秦国不敢用武力压迫赵国的原因，只是因为我们两人在。

人之立志，顾不如蜀鄙之僧哉？（彭端淑《为学》）

——我们求学的人确立志向，难道反而不如西蜀边远地方的穷和尚吗？

观

"观"本写作"觀"。《说文解字》："觀，谛视也。从见，雚声。"又："谛，审也。""观"的本义是"细看、观察"。引申为"参观、访问、视察"，"观赏、欣赏"，还可以引申为"观望"等，都是用作动词。又从"观"的"观赏、欣赏"的意义，把值得欣赏的事物、景象称为"观"，如"壮观、大观"；也可以把值得"观赏、欣赏"的高大华丽的建筑物直接叫作"观"，读 guàn。如：

① 细看、观察。

曹共公闻其骈胁，欲观其裸。浴，薄而观之。（《左传·禧公二十三年》）

——曹共公听说重耳腋下肋骨连成一片，存心想看看他的裸体。等到重耳洗澡，就偷偷地逼近去细看。

今吾于人也，听其言而观其行。（《论语·公冶长》）

——现在我对于人啊，不仅要听他的言论如何，而且还要观察他的行为。

② 参观、访问、视察。

因入京师，观太学。(《后汉书·张衡传》)

——随即进入京城洛阳，参观访问太学。

故为之说，以俟夫观人风者得焉。(柳宗元《捕蛇者说》)

——所以给这事写篇文章，是想等待那到民间来视察民风的人得到它。

③ 观赏、欣赏。

公将如棠观鱼者。(《左传·隐公五年》)

——鲁隐公要到棠地去观鱼。

东临碣石，以观沧海。(曹操《观沧海》)

——往东到碣石山，来观赏大海。

④ 观望。

刘表自以为宗室，包藏奸心，乍前乍却，以观世事。(曹操《让县自明本志令》)

——刘表自以为是皇家宗族，包藏祸心，忽而前进，忽而后退，观察世事的变化。

⑤ 把值得欣赏的事物、景象称为"观"，如"大观、壮观"。

此则岳阳楼之大观也。(范仲淹《岳阳楼记》)

——这些就是岳阳楼壮阔的美景啊!

⑥ 把值得观赏的高大华丽的建筑物直接叫作"观（guàn）"，作名词。

今臣至，大王见臣列观。(《史记·廉颇蔺相如列传》)

——现在我来到，大王接见我在一般的宫殿。

〔注〕古代把宗庙或宫廷大门外面两旁的高大建筑物，如宫殿楼阁台榭（高台上的房子）等都叫作"观"，如汉代有"东观""白虎观"等。还有道教的庙宇，也叫作"观"，如"玄妙观"。

归

"归"本来写作"歸"。《说文解字》："歸，女嫁也。从止，从妇省，𠂤声。"是形声字，本义是"女子出嫁"。引申为"回、回来、回家、回国""归还、送回"；从"回、回家"引申为"归附、投奔"；又从此义引申为"趋、同趋向某一点"。又读kuì，同"馈"，赠送的意思。如：

① 女子出嫁。

之子于归，宜其家室。(《诗经·周南·桃夭》)

——这个女子出嫁，能使她的家庭和顺。

② 回、回来、回家、回国。

子归何以报我。(《左传·成公三年》)

——你回国后用什么来报答我。

威加海内兮归故乡。(刘邦《大风歌》)

——威震天下的时候啊又回到了故乡。

归来见天子，天子坐明堂。(《木兰诗》)

——回来朝见天子，天子坐在大堂上。

遂自石梯下栈道，临流观渡，东山而归。(薛瑄《游龙门记》)

——就从石头台阶下来走向栈道，到黄河边上观看往来的渡船，然后沿着东山回去。

③ 归还、送回。

尽归汉使路充国等。(《汉书·苏武传》)

——全部归还汉朝使臣路充国等人。

今君乃亡赵走燕，燕畏赵，其势必不敢留君，而束君归赵矣。(《史记·廉颇蔺相如列传》)

——现在您是从赵国到燕国去，燕国怕赵国，在这种情况下必不敢留您，倒可能把您绑起来送回赵国来。

④归附、投奔。

士以此方数千里争归之，致食客三千人。(《史记·信陵君列传》)

——因此方圆几千里的士人都争着投奔他，他罗致了三千门客。

寡人闻古之贤君，四方之民归之，犹水之归下也。(《国语·勾践栖会稽》)

——我听说古代贤明的君主，四方的老百姓都归顺他，好像水往低处流一样。

⑤趋向，同趋向某一点。

微斯人，吾谁与归。(范仲淹《岳阳楼记》)

——除了这个人，我还同谁在一起呢？

⑥同"馈"，赠送。音 kuì。

归孔子豚。(《论语·阳货》)

——（阳货）赠送给孔子一只做熟了的小猪。

会

"会"本来写作"會"。《说文解字》："會，合也。从亼，从曾省。曾，益也。""亼"读若"集"，就是"会集、集合"的意思。"曾"是"增"的假借字，就是"增益"的意思。段玉裁注："见释诂。礼经，器之盖曰会，为其上下相合也。""会"是个会意字，本义是"会见、会合、聚会"，又特指"盟会、宴会"等；也含有"符合、验证"的意思。引申为"正巧、碰上、适逢"。又由"会合"的意义引申为"合计"，把算账、记账的工作叫"会计"或"计会"，本此。例如：

① 会见、会合、聚会，特指盟会、宴会等。

公会齐侯于艾。(《左传·桓公十五年》)

——鲁桓公在艾地会见齐侯。

豹往到邺，会长老，问民之疾苦。(褚少孙《西门豹治邺》)

——西门豹到了邺地，会见父老，向他们询问人民所感到痛苦的事情是什么。

② 符合、验证。

奕所奏天文密状屡会。(《旧唐书·傅奕传》)

——傅奕上奏的天文密状多次得到验证。

③ 正巧、碰上、适逢。

会天大雨，道不通。(《史记·陈涉世家》)

——正赶上天下大雨，路不通。

④ 年终结账，又记账、算账的工作叫"会计"或"计会"。音 guài（今 kuài）。

问门下诸客："谁习计会，能为文收责于薛者乎？"(《战国策·齐策》)

——问各位门客："有谁熟悉会计，能替我到薛邑收债的吗？"

击

《说文解字》："击，攴（pū）也。"又："攴，小击也。"《玉篇》："击，打也，扣也。""击"本义是"敲、敲打"。引申为"砍、刺、撞、杀"；再把这意义扩大，又引申为"攻打"。如：

① 敲、敲打。

击鼓其镗。(《诗经·邶风·击鼓》)

——敲鼓发出"嘡嘡"的声响。

秦王不肯击缶。(《史记·廉颇蔺相如列传》)

——秦王不肯敲打瓦缶。

② 砍、刺。

项庄拔剑起舞，项伯亦拔剑起舞，常以身翼蔽沛公，庄不得击。(《史记·项羽本纪》)

——项庄拔剑出鞘就挥舞起来，项伯也赶忙拔出剑来，起身对舞，时常用自己的身子掩护住沛公，项庄没有机会刺杀沛公。

③ 杀、打死。

晋鄙听，大善；不听，可使击之。(《史记·信陵君列传》)

——晋鄙听从，那很好；不听，可以叫（朱亥）杀死他。

④ 撞。

相如持其璧睨柱，欲以击柱。(《史记·廉颇蔺相如列传》)

——相如手拿着玉璧，眼睛斜瞅着殿柱，想要向柱子撞去。

⑤ 攻打。

急击勿失。(《史记·项羽本纪》)

——赶快进攻，不要失去良机。

及

"及"，甲骨文作🤚。《说文解字》："逮也，从又，从人。"徐锴解释说："及前人也。""及"是个会意字，象一只手抓住了一个正在逃跑的人，本义是"追赶上"。由"追赶上"引申为"达到那个地方"；又由"达到那个地方"引申为"到那个时候或程度"。又引申为"涉及、发生关系"。如：

① 追赶上。

故不能推车而及。(《左传·成公二年》)

——所以不能下来推车而被追赶上。

② 到达那个地方。

若阙地及泉，隧而相见，其谁曰不然？（《左传·隐公元年》）

——假设掘地到达黄泉，从地道里和你母亲相见，又有谁说这不对呢？

将及华泉。（《左传·成公二年》）

——将要到达华泉。

③ 到那个时候或程度。

病未及死。（《左传·成公二年》）

——病得还没有达到死的程度。

愿未及填沟壑而托之。（《战国策·赵策》）

——总希望趁我还没有死把他托付给您。

④ 涉及、发生关系。

言不及义。（《论语·卫灵公》）

——说话全不涉及一点正经事。

疾

《说文解字》："疾，病也。从疒、矢声。"徐锴解释说："病来急，故从矢。"《玉篇》："疾，速也，病也。""疾"是个形声字，也可以说是个会意字。从以上的解释来看，"疾"的含义有二：一是病；一是病来得很急，如同箭飞那样快，故又作"迅速"解。"疾病"这种东西总是叫人怨恨和憎恶的，故又引申为"怨恨、憎恶"。如：

① 生病。

寡人无疾。（《扁鹊见蔡桓公》）

——我没有病。

寒暑不能使之疾。(《荀子·天论》)

——天气寒冷暑热不能使人生病。

② 快速。

来何疾也。(《战国策·齐策》)

——来得怎么这样快?

老臣病足,曾不能疾走。(《战国策·赵策》)

——老臣的腿脚有毛病,简直不能快走。

虽乘奔御风,不以疾也。(郦道元《三峡》)

——即使骑着快马、驾着风,也没有这样快。

③ 怨恨、憎恶。

尝问衡天下所疾恶者。(《后汉书·张衡传》)

——(汉顺帝)曾经问及张衡天下人所痛恨的是谁。

瑞素疾大户兼并。(《明史·海瑞传》)

——海瑞平素憎恨大户人家吞并老百姓的土地。

屈原疾王听之不聪也。(《史记·屈原列传》)

——屈原怨恨楚怀王迷惑于小人之言不能分辨是非。

甲

"甲"在小篆里作"甲"。《说文解字》:"从木戴孚甲之象。""孚甲"也写作"荨甲",指的是草木的嫩芽戴着甲壳生长的形象。"甲"的本义是种子萌芽所戴的甲壳。引申为动物身上有保护作用的硬壳,如"鳞甲""龟甲"等;从"鳞甲"又引申为古代士兵穿的"甲衣";从"甲衣"又引申为披甲执兵的人,即"甲士"。"甲"也被借用为天干(甲、乙、丙、丁……)的首位,从这个意义又引申出"甲乙丙丁"次序"第一"的意思。如:

① 种子萌芽所戴的甲壳。

雷雨作而百果草木皆甲坼（chè）。（《周易·解卦》）

——打雷下雨时，各种草木的种子的外壳都开裂了。

② 动物身上有保护作用的硬壳，如"鳞甲、龟甲"。

时有遗余龟者，数日而死，肌肉消尽，唯甲存焉。（曹植《神龟赋》）

——当时有人送给我一只乌龟，活了几天死去了，肌肉都消失了，只有甲壳还存在。

③ 甲衣。

操吴戈兮被犀甲。（《楚辞·九歌·国殇》）

——手握吴国制造的戈呵，身披犀牛皮制成的甲衣。

④ 甲士。

伏甲将攻之。（《左传·宣公二年》）

——埋伏的甲士将要进攻他。

⑤ 天干的第一位。

甲之鼂（zhāo）吾以行。（《楚辞·哀郢》）

——在一个甲日的早晨，我开始动身上路了。

⑥ 次序第一。

匡庐奇秀，甲天下山。（白居易《庐山草堂记》）

——庐山的风景奇而且秀，推天下第一。

⑦ 甲等。

赐列侯甲第。（《史记·武帝本纪》）

——赐给列侯甲等住宅。

中贵多黄金，连云开甲宅。（李白《大车扬飞尘》）

——有权势的太监们拥有很多的黄金财宝，住着华丽高大的甲等住宅。

见

"见"在小篆里作，"从目，从人"，是个会意字。《说文解字》："见，视也。""见"的本义是"看见"，动词。作名词用，可作"见解、见识"解。由"看见"引申为"谒见、拜见"。也可以读xiàn，使动用法，表"使拜见"，引申为"接见"。又同"现"，"出现"的意思。也可以作"被、受"的意义来用，这种用法在现在已不多见。如：

① 看见。

见贤思齐焉，见不贤而内自省也。（《论语·里仁》）

——看见贤人想要和他看齐，见到不贤的人要作自我检查。

广出猎，见草中石，以为虎而射之。（《史记·李将军列传》）

——李广出外打猎，看见草中的石头，以为是老虎就去射它。

② 见解、见识。

汝真女子之见。（《三国演义》第九十五回）

——你这真是女人的见识。

③ 谒见、拜见。

曹刿请见。（《左传·庄公十年》）

——曹刿请求谒见庄公。

冉有、季路见于孔子。（《论语·季氏》）

——冉有、季路拜见孔子。

④ 使动用法，使拜见。音xiàn。

见其二子焉。（《论语·微子》）

——使他的两个孩子拜见子路。

⑤ 接见。

秦王坐章台见相如。（《史记·廉颇蔺相如列传》）

——秦王坐在章台宫接见蔺相如。

⑥同"现"，出现。

图穷而匕首见。(《战国策·燕策》)

——(秦王)把地图翻看到末了，藏在地图里的匕首就露出来了。

〔注〕：古无"现"字，凡出现的意思在上古都写作"见"。

⑦被、受。

赵王与大将军廉颇诸大臣谋：欲予秦，秦城恐不可得，徒见欺。(《史记·廉颇蔺相如列传》)

——赵王跟大将军廉颇为首的众大臣商量：想把这块玉璧让给秦国，又恐怕秦国的城池不能够到手，白白地受欺骗。

众人皆醉而我独醒，是以见放。(《史记·屈原列传》)

——一般人都醉迷糊涂，独独我清醒，因此被放逐出来。

节

《说文解字》："节，竹约也。"又："约，缠束也。"段玉裁注："竹节如缠束之状。""节"是个简化字，本作"節"，形声字，本义是"竹节"，引申为"节制、节约、礼节、节操"等。如：

①竹节。

苞笋抽节。(左思《吴都赋》)

——冬笋抽出节来。

②节制。

礼之实，节文斯二者是也。(《孟子·离娄上》)

——礼的主要内容，是对这两者能合宜地加以节制和修饰。

③节约。

节用而爱民。(《论语·学而》)

——节约费用又爱护人民。

④ 礼节。

长幼之节不可废也。(《论语·微子》)

——长幼之间的礼节不可废除。

仓廪实而知礼节。(贾谊《论积贮疏》)

——仓廪充足了，人民才可以懂得礼节。

⑤ 节操。

而世俗又不能与死节者比。(司马迁《报任安书》)

——并且世俗又不能把我和死节的人等量齐观。

不矜名节。(李密《陈情表》)

——不想拿隐逸的名声、操守来骄矜自负。

〔注〕关于"节操"，在不同时代不同阶级有其不同的内容。在现在我们也讲"节操"，例如说"革命晚节"。但在封建时代，为君主死难叫作"死节"，女人死了丈夫不再嫁人叫作"守节"，这是封建社会的节烈观。"节"还作"时节、节日、节拍、节奏"解，也是从"竹节"的意义引申出来的。

叩

"叩"是个"从卩，口声"的形声字。《玉篇》："叩，击也。""叩"的本义是"敲打"。由"敲打"引申为"攻打"。又引申为"发问、询问"。如：

① 敲打。

叩石垦壤，箕畚（běn）运于渤海之尾。(《愚公移山》)

——敲凿石头，挖掘泥土，用箩筐畚箕运送到渤海的尽头去。

叩而聆之，南声函胡，北音清越。(苏轼《石钟山记》)

——敲响了听声音，南面一座深沉雄浑，北面一座清脆高亢。

〔注〕现在把敲门作"叩门"，把磕头作"叩头"，都是这个意思。

② 攻打。

百万之师，叩关而攻秦。（贾谊《过秦论》）

——上百万的军队，攻打函谷关的城门以进击秦国。

③ 发问、询问。

余叩所以。（方苞《狱中杂记》）

——我向他询问原因。

窥

"窥"是个"从穴，规声"的形声字。《说文解字》："小视也。""窥"的本义是"从小孔或缝隙里看"。引申为"窥视、侦察对方虚实"；又由"侦察"的意义引申为"寻机他图"。如：

① 从小孔或缝隙里看。

此郎亦管中窥豹，时见一斑。（《世说新语·方正》）

——这个孩子倒也是从竹管里看豹，有时也能看见豹身上的一块斑纹。

② 窥视。

成子九岁，窥父不在，窃发盆。（蒲松龄《促织》）

——成名有个儿子才九岁，窥视见父亲不在家，偷偷地打开盆子。

③ 窥探、侦察对方虚实。

时汉连伐胡，数通使相窥观。（《汉书·苏武传》）

——当时汉朝接连讨伐匈奴，屡次派遣使臣侦察对方虚实。

④ 窥伺，寻机他图。

秦孝公据崤、函之固，拥雍州之地，君臣固守，以窥周室。

（贾谊《过秦论》）

——秦孝公倚仗着崤山和函谷关的险要，占有雍州一带的地盘，上下齐心牢固地把守着，想寻机图谋周朝。

利

"利"字"从刀从禾"，表示割禾的锐利。《说文解字》："利，铦也。""铦"（xiān），锋利的意思。所以"利"的本义是"锐利、锋利"，一般指兵器或工具的锐利，跟"钝"相对。由刀剑的锋利引申为语言的锋利，善于言谈。又引申为形势和实际情况对自己有利。如：

① 锐利、锋利。

金就砺则利。（《荀子·劝学》）

——金属的用具放到石头上磨就能锋利。

威天下不以兵革之利。（《孟子·公孙丑下》）

——威服天下不是凭借武器装备的锐利坚固。

② 语言的锋利，善于言谈。

恶利口之覆邦家者。（《论语·阳货》）

——讨厌能说会道而使国家覆灭的人。

③ 形势和实际情况对自己有利。

见利思义。（《论语·宪问》）

——看见利益要想到仁义。

天时不如地利，地利不如人和。（《孟子·公孙丑下》）

——有利于战争的时令气候，不如有利的地理形势；有利的地理形势，不如人心归向，内部团结。

怜

"怜"是个简化字，本作"憐"。《说文解字》："憐，哀也。""憐"是个"从心，粦声"的形声字，本义是"怜悯、哀怜"。引申为"爱怜、疼爱"。如：

① 怜悯、哀怜。

楚人怜之。(《史记·陈涉世家》)

——楚人怜悯他。

遥怜小儿女，未解忆长安。(杜甫《月夜》)

——遥远地怜悯年幼的孩子们还不懂得怀念远在长安被困的父亲。

② 爱怜、疼爱。

丈夫亦爱怜其少子乎？(《战国策·赵策》)

——男人们也爱怜他的幼子吗？

令

"令"甲骨文作🔆，象人坐在屋顶或伞盖下发号施令的样子，用以表示施令的意思。"令"是个会意字，本义是"发出命令"。"发出命令"有使、让人行动的意思，可以引申为"使、让"。以上都作动词。引申为"所发出的命令"，也叫"令"；又发号施令的人也叫"令"，名词。由此又引申为对别人的尊敬称谓。还引申为"美好、和善"，形容词。如：

① 发出命令。

既不能令，又不受命。(《孟子·离娄上》)

——既不能命令别人，又不接受别人的命令。

② 使、让。

令女居其上，浮之河中。(褚少孙《西门豹治邺》)

——让这女子坐在上面，抬到河里，漂浮在水上。

令从人退去。(《红楼梦·葫芦僧判断葫芦案》)

——让随从退去。

③ 命令、号令。

王速出令。(《孟子·梁惠王下》)

——国王您赶快发出命令。

④ 发命令的长官。

西门豹为邺令。(褚少孙《西门豹治邺》)

——西门豹做邺县县令。

〔注〕春秋战国时，楚国的最高官职叫"令尹"，意思是发号施令的总的长官。到秦汉时，各县地方的主管官吏叫"县令"。

⑤ 表对人尊敬的称谓。

不堪吏人妇，岂合令郎君。(《孔雀东南飞》)

——不配做吏人的妻子，哪里能合贵公子的心意呢？

⑥ 美好、和善。

巧言令色，鲜矣仁。(《论语·学而》)

——花言巧语、面装和善，这种人，仁德是不会多的。

落

"落"是个"从艸，洛声"的形声字。《说文解字》："凡草曰零，木曰落。""落"的本义是"落叶"。引申为一切东西的"下落、掉落"，都叫作"落"；后来词义再扩大，可以用于人，如说"丧魂落魄""身世没落"等。此外，"落"还有一个意义，《玉篇》："落，堕也，又始也。"《尔雅·释诂》："落，始也。"所以房屋建成叫"落"，现在叫"落成"，即开始建成的意思。再引申为聚居之地也叫"落"，如"村落、营落、部落"等都含有此义，这是由动词转为名词了。如：

① 落叶。

草木黄落。(陶渊明《自祭文》)

——草木叶子发黄纷纷飘落。

② 下落、掉落。

却与小姑别，泪落连珠子。(《孔雀东南飞》)

——退下堂来和小姑告别，泪落如同连珠一般。

及扑入手，已股落腹裂，斯须就毙。(蒲松龄《促织》)

——等到扑到手掌下，已经大腿掉下，肚皮裂开，一会儿就死了。

逆夷胆落心寒。(《三元里抗英》)

——英国侵略者吓掉了胆，心里发寒。

③ 建筑物落成。

楚子成章华之台，愿与诸侯落之。(《左传·昭公七年》)

——楚国国王建成章华台，希望和各国诸侯一同举行落成典礼。

〔注〕现在有"安家落户"这个词，其中的"落"是落脚扎根的意思。

末

《说文解字》："木上曰末，从木，一在其上。""末"是一个指事字，本义是"树梢"，跟"本"相对。引申为"末端"；又引申为"非根本的东西、不重要的事"；也可以引申为"微末的、浅薄的、小的"。如：

① 树梢。

采薜荔兮水中，搴芙蓉兮木末。(《楚辞·九歌·湘君》)

——在水中采摘薜荔，在树梢上拔取芙蓉。

② 末端。

明足以察秋毫之末。(《孟子·梁惠王上》)

——（我的）目力能够清楚地看见秋天鸟毛的末端。

③ 非根本的东西、不重要的事。

今背本而趋末。(贾谊《论积贮疏》)

——现在背离了根本的农业而趋向不重要的商业。

④ 微末的、浅薄的、小的。

陪奉外廷末议。(司马迁《报任安书》)

——陪奉在朝堂外边，发表微末的议论。

谋

"谋"是个"从言，某声"的形声字。《说文解字》释"虑难曰谋"，即有困难时提出来商量、考虑的意思。"谋"的本义是"商量、考虑、计划"，作动词用；也可以作"计谋、计划、计策"用，为名词。从"商量、考虑"引申为"图谋、暗中算计"，也是动词，为贬义词。

① 商量、考虑、计划。

肉食者谋之。(《左传·庄公十年》)

——有做官掌权的人谋划这事。

赵王与大将军廉颇诸大臣谋。(《史记·廉颇蔺相如列传》)

——赵王与大将军廉颇等各位大臣商议。

权大悦，与其群下谋之。(司马光《赤壁之战》)

——孙权听了很高兴，就召集他的部下开会商议。

② 计谋、计划、计策。

小不忍则乱大谋。(《论语·卫灵公》)

——小的地方不能容忍，就会败坏大计策。

③ 图谋、暗中算计。

当是时，诸侯以公子贤多客，不敢加兵谋魏十余年。（《史记·信陵君列传》）

——这时候，各国的诸侯看到公子贤能，门客又多，有十几年不敢打用武力进攻魏国的主意。

武曰："本无谋，又非亲属，何谓相坐？"（《汉书·李广苏建列传》）

——苏武说："本来没有暗中谋划，我们又不是亲属关系，怎么说是相连坐来治罪呢？"

年

《说文解字》："年，谷熟也。从禾，千声。"段玉裁注："年者，取禾一熟也。""年"是个形声字，本义是表示"一年的收成、年成"。好年成叫"丰年、大有之年"，坏年成叫"凶年"。因收获粮食古代大多是一年一次，故"年"可以引申为"一年"；过了一年，对于人来说就是长了一岁，所以"年"又可以表示年龄；又可以引申为"寿命"。如：

① 收成、年成。

冬，大有年。（《春秋·宣公十六年》）

——这年冬天，好收成。

② 一年。

禹八年于外，三过其门而不入，虽欲耕，得乎？（《孟子·滕文公上》）

——夏禹八年在外，三次经过自己的家门前都不进去，纵然是想种地，可能吗？

③ 年龄。

北山愚公者，年且九十。(《愚公移山》)

——北山愚公这个人，年龄将要九十了。

④ 寿命。

养怡之福，可得永年。(曹操《龟虽寿》)

——注意身体健康，可以使人长寿。

迁

"迁"本作"遷"，是个"从辵，䙴声"的形声字。《说文解字》："遷，登也。"《广韵》："去下之高也。""迁"的本义是指"由下到上的迁移"。引申为官职的升迁。"迁"也有移动的意思，可以表示一般的"移动、转移"；还可以表示"放逐、流放"。如：

① 由下到上的迁移。

出自幽谷，迁于乔木。(《诗经·小雅·伐木》)

——（鸟）从低处的深谷飞上高处的乔木。

君子见善则迁，有过则改。(《周易·益卦》)

——君子看见善的就学习向上，有了过错就要改正。

② 官职的升迁。

孝文帝悦之，超迁，一岁中至大中大夫。(《史记·贾谊列传》)

——汉文帝喜爱他，破格提拔他，一年之中官职升到大中大夫。

拜郎中，再迁为太史令。(《后汉书·张衡传》)

——任命他为郎中，后又调升为太史令。

〔注〕一般说来，"迁"的意义是"升官"，而"徙"的意义是调职或降职，这是两个字不同的地方。

③ 移动、转移到。

不迁怒，不贰过。(《论语·雍也》)

——不把自己的恼怒转移到别人身上，犯了错误不再重犯。

④ 放逐、流放。

迁客海上，流戍陇阴。(江淹《恨赋》)

——贬官流放到海上，远谪戍边到陇阴。

迁客骚人，多会于此。(范仲淹《岳阳楼记》)

——流放远徙的官吏、多愁善感的诗人，很多都在这里聚会。

〔注〕古人用"迁"作为"降职"解时，为了区别于升官的"迁"，多说是"左迁"，因古人以右为尊，以左为下。例如：李白的一首诗题为《闻王昌龄左迁龙标遥有所寄》，是李白听说王昌龄贬官为龙标尉后所写。

倾

《说文解字》："倾，仄也。"段玉裁注："仄部曰，仄，倾也，二字互训。古多用顷为之。"《说文解字》："顷，头不正也。""头不正"就是倾斜、歪，所以"倾"的本义是"倾斜、歪"。引申为"倾向"。"倾斜、歪"势必倾倒，故引申为"倾倒、崩溃、衰败"等意义；由"崩溃、衰败"又可引申为"用尽、破产"。如：

① 倾斜、歪。

端然正己，不为物倾侧。(《荀子·非十二子》)

——公平正直地端正自己，使自己不受其他事物的影响而偏斜。

日既西倾。(曹植《洛神赋》)

——太阳已经西斜。

② 倾向。

葵藿向太阳，物性固难夺。(杜甫《自京赴奉先县咏怀五百字》)

——葵藿总是向着太阳，物的本性实在难以改移。

③ 倾倒、崩溃、衰败。

安无倾。(《论语·季氏》)

——安稳不倾倒。

汉室倾颓，奸臣窃命，主上蒙尘。(《隆中对》)

——汉家的基业已经衰败，奸臣篡夺了政权，皇上在受苦遭难。

此后汉之所以倾颓也。(诸葛亮《出师表》)

——这是后汉衰弱、崩溃的原因。

④ 用尽、破产。

每责一头，辄倾数家之产。(蒲松龄《促织》)

——每次供应一只，总有好多户人家破产。

秋

"秋"，《说文解字》："禾谷熟也。"本义是"禾谷熟"。由"禾谷熟"引申为"秋季"；一年有一次秋季，故又引申为"年"。如：

① 禾谷熟、收成。

若农服田力穑(sè)，乃亦有秋。(《尚书·盘庚上》)

——假若农民辛勤地耕种收割，就可以有好的收成。

② 秋季。

秋为白藏。(《尔雅·释天》)

——时逢秋季，就气白而收藏。

③ 年。

一日不见，如三秋兮。(《诗经·王风·采葛》)

—— 一天见不到，就好像相隔三年一样。

趋

"趋"本作"趨"。"趨""从走，芻声"，是个形声字。《说文解字》："走也。"《释名》："疾行曰趋，疾趋曰走。""趋"比行要快，比跑要慢，也就是"疾行、快走"，这是"趋"的本义。在古代，为了表示礼貌，在一定的场合必须小步快走，所以"趋"又是以下见上表示敬意的礼节。从"快走"的意义引申为"通向、走向"；由"通向"又引申为"依附、追求"。如：

① 疾行、快走。

日中而趋百里。(《荀子·议兵》)

——半天时间急走一百里路程。

入而徐趋。(《战国策·赵策》)

——进了门，就慢慢地小步快走。

② 通向、走向。

松柏一径趋灵宫。(韩愈《衡岳》)

——两旁长满青松翠柏的小径一直通向岳庙。

③ 依附。

与今之人友，或趋附而陷于祸。(《宋史·李昭玘传》)

——和现在的人交朋友，有时因为依附权势而牵连受祸。

④ 追求。

趋利如水走下，四方无择也。(晁错《论贵粟疏》)

——追求财利就像水向低处去，并不选择方向。

让

"让"本作"讓"，是个"从言，襄声"的形声字。本义是以言语责备对方。《说文解字》："让，相责让。""让"的一个意义是"推让、谦让、退让"，在这个意义上，"让"的古字是"攘"。《说文解字》："攘，推也。"段玉裁注："凡退让用此字。""推让"是从"攘"的本义"推"引申出来的。"让""攘"同音通借，所以"让"除了本义"话责以辞"之外，又多了这一层意思。此外，"让"由"谦让"的意思引申为"拒绝"。如：

① 以言语责备对方。

公使让之。(《左传·僖公五年》)

——晋献公使人责备士芴。

秦军数却，二世使人让章邯。(《史记·项羽本纪》)

——秦军一退再退，秦二世使人责备章邯。

〔注〕这一意义在现代汉语里基本上已消失，只是在地方方言里"让"还有"责斥"的意思。

② 推让、谦让、退让。

鲁仲连辞让者三，终不肯受。(《战国策·赵策》)

——（平原君要封鲁仲连）鲁仲连推让了多次，终不肯接受。

直上载公子上坐，不让。(《史记·信陵君列传》)

——一直上公子的车，坐在上位，并不谦让。

③ 拒绝。

泰山不让土壤，故能成其大。(李斯《谏逐客书》)

——泰山不拒绝一块土壤，所以能造成它的高大。

戎

"戎"在小篆里写作""，是个"从戈，从甲"的会意字。《说文解字》："兵也。""戎"是兵器的总称。引申为"手执兵器的车卒、步卒"；从此义可以引申为"军队、军事、战争"。如：

① 兵器的总称。

乃教于田猎，以习五戎（五戎指弓、殳、矛、戈、戟等五种兵器）。（《礼记·月令》）

——于是在田猎时来教人们学习五种兵器。

② 手执兵器的车卒、步卒。

下臣不幸，属当戎行。（《左传·成公二年》）

——我不幸运，恰巧在戎兵行列的当中。

③ 军队、军事、战争。

万里赴戎机。（《木兰辞》）

——从万里远的后方去参加战争。

列侯骄盈，黩货事戎。（柳宗元《封建论》）

——诸侯们骄横跋扈，贪财货，好战争。

〔注〕此外，例如成语"投笔从戎"，即投笔参加军队的意思。

舍

《说文解字》："市居曰舍，从亼、屮、口。"从亼，表示宾客会集；从屮，象屋顶；从口，象屋外围。这是个会意字。所谓"市居"，是说大路上，十里有庐，三十里有宿，五十里有市，都建有旅舍，可供给旅客住宿。"舍"的本义是"宾馆、招待所"。作动词用，是"安置"和"短期住宿"的意思。"舍"从"宾馆"的意义引申为一般房屋，如"竹篱茅舍"，也可以引申为"行军或狩猎住宿"。"舍"在旅行的行程中还表示三十里。"舍"同"捨"，意思是"放弃、不要、不取"。如：

① 宾馆、招待所。

夫子休就舍。（《庄子·说剑》）

——请您休息，住在宾馆里。

② 安置、短期居住。

舍相如广成传舍。(《史记·廉颇蔺相如列传》)

——把蔺相如安置在广成传舍。(第一个"舍"是"安置",第二个"舍"是"宾馆"。)

③ 行军或狩猎临时住宿。

凡师一宿为舍,再宿为信,过信为次。(《左传·庄公三年》)

——大凡军队第一次宿营叫舍,第二次宿营叫信,超过第二次的叫作次。

宣子田于首山,舍于翳桑。(《左传·宣公二年》)

——赵宣子在首山打猎,住宿在翳桑。

④ 三十里为舍。

晋楚治兵,遇于中原,其辟君三舍。(《左传·僖公二十三年》)

——晋楚两国兴兵,在中原相遇时,晋兵当退避九十里。

⑤ 同"捨",即"放弃、不要、不取"。

食舍肉。(《左传·隐公元年》)

——留下肉不吃。

驽马十驾,功在不舍。(《荀子·劝学》)

——劣马走十天(也可以达到千里),它的成功,就在于坚持而不停止。

〔注〕"舍"作房屋的意思如"宿舍、房舍"等以及作为"舍弃"的意思现在还保留着。

社

"社"是个"从示,从土"的会意字。"土"在甲骨文中是地面上有物突起的形象"Ω"。《说文解字》说它是"物出形也",就是土中生物的形象。可是多数文字学家说它"像土壤"（王国维等）。原来在农业出现以后，人们非常敬"土"，把它看作神，因之又把它加了个"示"表示对它崇拜，向它祭献，这种受祭献的土地之神就是社神。所以"社"和"土"原来是一个字，正像过去人们所说的"土地"，既指"地"，又指"地的神"。《说文解字》把"社"解释为"地主也"，这地主就是土地神，也叫"后土"。后来祭祀地神叫作"社"，是祭祀的名称，也把祭祀的场合叫作"社"。后来又把以这个场合为中心的居民点或者邻里单位，也叫作"社"。如：

① 祭祀地神。

以社以方。（《诗经·小雅·甫田》）

——举行祭献地神和四方之神的两种祭祀。

② 祭祀地神的场合。

伐鼓于社。（《左传·昭公十七年》）

——在祭祀地神的社里擂鼓。

③ 以社为中心的居民点或者邻里单位。

二十五家为社。（《左传·昭公二十五年》注）

——二十五户人家成为一个社。

〔注〕现在我们说的社，跟神毫无关系了，例如"合作社""出版社"等，"社"具有"集体"的意义，而且意义还逐渐扩大，表示某种社会组织。

市

"市"在小篆里作，《说文解字》："市，买卖所之也。市有垣，从冂，从𠀆。𠀆古文及，象物相及也。之省声。""市"是个形声字。《说文解字》对"市"的解说有二：一是"买卖所之也"，就是买卖人所去的场所，即"街市、集市"，这是本义；一是"象物相及也"，即"做买卖"，这是引申义。又词义缩小，由"做买卖"引申为"买"。如：

① 街市、集市。

从许子之道，则市贾不贰，国中无伪。(《孟子·滕文公上》)

——如果听从许子的学说，那就会做到市场上的物价一致，人人没有虚假。

令初下，群臣进谏，门庭若市。(《战国策·邹忌讽齐王纳谏》)

——命令刚下达，臣子们进来规劝君主，宫门口和院子里像闹市一样。

② 做买卖。

郑商人弦高将市于周，遇之。(《左传·僖公三十三年》)

——郑国商人弦高要到周地去做买卖，遇见秦兵。

③ 买。

责毕收，以何市而反？(《战国策·齐策》)

——债收完了，用收回的债款买些什么东西带回来？

总督胡宗宪尝语人曰："昨闻海令为母寿，市肉二斤矣。"(《明史·海瑞传》)

——总督胡宗宪曾经对人说："昨天听说海县令给母亲做寿，买了二斤肉。"

岁

"岁"本来写作"歲"，按照《说文解字》的说法，是个"从步，戌声"的形声字。《周易·系辞》："寒暑相推而岁成。"《尔雅·释天》："唐虞曰载，夏曰岁，商曰祀，周曰年。""岁"的本义是"年"。"岁"从"一年"引申为人长了一年谓之一岁，所以

"岁"可以表示年龄。因粮食收成，在古代多是一年一次，所以"岁"从"一年"的意思可引申为"年成、年景、收成"，好年成叫"乐岁""穰岁"，坏年成叫"凶岁"。如：

① 年。

由孔子而来，至于今，百有余岁。（《孟子·尽心下》）

——从孔子一直到今天，一百多年了。

自吾氏三代居是乡，积于今六十岁矣。（柳宗元《捕蛇者说》）

——自从我们家祖孙三代定居这个地方，算到现在已经六十个年头了。

② 年龄。

六十九岁矣。（《庄子·渔父》）

——六十九岁了。

〔注〕"年""岁"同样可以表示年龄，但在用法上不同。"年"字放在数词的前面，如"年七十"；"岁"字放在数词的后面，如"七十岁"。

③ 年景、收成。

国人望君，如望岁矣。（《左传·哀公十六年》）

——国人盼望你来，如农民盼望一年的好收成啊。

岁亦无恙邪？（《战国策·齐策》）

——收成还好吧？

故饥岁之春，幼弟不饷，穰岁之秋，疏客必食。（《韩非子·五蠹》）

——所以荒年正逢青黄不接的时候，自己的弟弟也不给饭吃；丰年又逢秋收的时候，疏远的客人来了也招待吃饭。

徒

“徒”小篆作，“从辵，土声”，是个形声字。辵的上半写在左边为“彳”，辵的下半写在土字的下面为“走”，合在一起成“徒”。《说文解字》：“步行也。”“徒”的本义是“步行，不凭借交通工具走路”。陆行不用车叫“徒行”；水行不用船叫“徒涉”。由此意义引申为“步兵”，因“步兵”行军无所凭借。又引申为“空、白白、徒然、没有效果”。又由“步兵”的意义引申为“党徒”，即“志同道合的人”“同一政治集团的人”“同一学派的人”或“同一类型的人”；由“党徒”又引申为“门徒、徒弟”。此外，因为做兵卒一类的人多是所谓犯罪服劳役的人，所以犯罪服劳役的人也叫徒。如：

① 步行，不凭借交通工具走路。

舍车而徒。(《周易 · 贲卦》)

——不坐车徒步行走。

大军徒涉水如汤。(白居易《新丰折臂翁》)

——大军徒步涉水，水像滚水一样烫人。

② 步兵。

帅徒以往。(《左传 · 昭公二十五年》)

——率领步兵前往。

③ 空、白白、徒然、没有效果。

徒善不足以为政，徒法不足以自行。(《孟子 · 离娄上》)

——空有好心 ，不足以搞好政治；空有好法，连自己也行动不起来。

齐师徒归。(《左传 · 襄公二十五年》)

——齐国的军队毫无结果地回去了。

④ 党徒、门徒、徒弟。

求非吾徒也。（《论语·先进》）

——冉求不是我们志同道合的人。

是鲁孔丘之徒与？（《论语·微子》）

——是鲁国孔丘的党徒吗？

仲尼之徒无道桓文之事者。（《孟子·梁惠王上》）

——孔子的学生们没有谈到齐桓公、晋文公的事迹的。

⑤ 犯罪服劳役的人。

少府章邯曰："郦山徒多，请赦之，授兵以击之。"（《史记·秦始皇本纪》）

——少府章邯（对秦二世）说道："您派在郦山服劳役的刑徒很多，请赦免他们，交给他们武器，叫他们进攻敌人。"

微

《说文解字》："微，隐行也。从彳，㣇（wēi）声。""微"是个形声字，本义是"隐蔽、藏匿"。引申为"不显露、暗暗"；由"不显露"引申为"稍微、微小"；由"微小"引申为"精微"和地位的"低贱、卑下"。又由本义引申转化为"无"，介词，表事后的假设。如：

① 隐蔽、藏匿。

白公奔山而缢，其徒微之。（《左传·哀公十六年》）

——白公逃入山中自缢而死，他的党徒掩藏了他的尸首。

② 不显露。

视小如大，视微如著，而后告我。（《纪昌学射》）

——你能把小的东西看成大的，把不明显的东西看成显著的，然后再来告诉我。

③ 暗暗地。

微谏不倦。（《礼记·坊记》）

——暗暗规劝毫不厌倦。

④ 稍微。

骨微伤，病间月。（方苞《狱中杂记》）

——骨头稍微受了伤，病了一个多月。

⑤ 微小。

先生既墨者，摩顶放踵，思一利天下，又何吝一躯啖我而全微命乎？（马中锡《中山狼传》）

——先生既然是墨家学说的信徒，不辞劳苦，想造福天下，又何必舍不得把身体送给我吃，保全我这微小的生命呢？

⑥ 低贱、卑下。

高祖微时，兄事陵。（《汉书·王陵传》）

——高祖微贱的时候，以兄长看待王陵。

⑦ 精微。

其文约，其辞微，其志洁，其行廉。（《史记·屈原列传》）

——他的文字简练，他的言辞精到，他的志愿高洁，他的行为廉正。

⑧ 义略同"无"，表事后的假设。

微斯人，吾谁与归？（范仲淹《岳阳楼记》）

——要是没有这样的人，我同谁在一起呢？

文

"文"，甲骨文作𠁁。《说文解字》："文，错画也。"即花纹，纹理交错的意思。"文"是个象形字，本义是"色彩交错"。用作动词，当"刺画花纹"讲。引申为"华丽有文采"。又引申为"文字、文章、文献、文饰"等。如：

① 花纹、纹理。

文首，白喙（huì）。（《山海经·精卫填海》）

——（精卫这种鸟）头上有花纹，嘴是白色的。

② 刺画花纹。

越人断发，文身。（《庄子·逍遥游》）

——越国人截断头发，在身上刺画花纹。

③ 华丽有文采。

君子质而已矣，何以文为？（《论语·颜渊》）

——君子朴实无华就够了，为什么用华丽的文采呢？

④ 文字。

形似酒尊，饰以篆文、山龟鸟兽之形。（《后汉书·张衡传》）

——（候风地动仪）形状像个酒壶，外表用篆体文字和山龟、鸟兽的图案装饰起来。

⑤ 文章。

衡少善属文。（《后汉书·张衡传》）

——张衡年少时就善于写文章。

⑥ 文献。

儒以文乱法，侠以武犯禁。（《韩非子·五蠹》）

——儒家用古代文献扰乱法制，侠客用武力触犯禁令。

⑦ 文饰、粉饰。

卜筮（shì）然后决大事，非以为求得也，以文之也。（《荀子·天论》）

——占卜后再决定大事，并不是以为真能得到所求的东西，而只是一种文饰的手段。

徙

《说文解字》：“徙，移也。”段玉裁注：“徙，会意字，乍行乍止，则移其所矣。”“徙”的本义是“居处的移动、迁移”。引申为“变动、调职”。如：

① 居处的移动、迁移。

故槐里，徙成纪。(《史记·李将军列传》)

——原来住在槐里县，后来迁到成纪县。

乃徙武北海上无人处。(《汉书·苏武传》)

——就把苏武迁徙到北海那边没有人居住的地方。

② 变动。

时已徙矣，而法不徙。(《吕氏春秋·察今》)

——时代变了，可是法令制度不改变。

③ 调职。

于是乃徙为上郡太守。(《史记·李将军列传》)

——于是就把（李广）调为上郡太守。

徙齐王信为楚王。(《史记·淮阴侯列传》)

——把齐王信调为楚王。

隙

《说文解字》：“隙，壁际孔也。”是个“从自，从兒”的会意字。“自”即“阜”字，“自”代表墙，“兒”表示墙缝透出的日光。“隙”的本义是“壁上的裂缝和孔隙”。引申为“人与人之间感情上的隔阂与裂痕”。如：

① 壁上的裂缝和孔隙。

其西北隙中有大蛇，长七八丈，大十余围。(干宝《搜神记·李寄》)

——墙的西北裂缝中有条大蛇，有七八丈那么长，十余围（两只手的拇指和食指合拢起来的长度）那么粗。

② 人与人之间感情上的隔阂与裂痕。

今者有小人之言令将军与臣有隙。(《史记·项羽本纪》)

——现在因为有小人制造谣言，使将军和我中间有了嫌隙。

〔注〕由具体变成抽象，词义扩大了。后一种用法是"隙"的比喻意义。

向

《说文解字》："向，北出牖也。从宀（mián），从口。""宀"表示房子，房子开一个口，就是窗。"向"字在甲骨文里作"𫇦"，分明是画的房子和窗口，是个象形字，本义是"向北的窗户"。引申为"朝着、对着"；由"朝着、对着"引申为"方向、趋向"。又可以引申为"接近"，如"向晨、向暮"等。如：

① 向北的窗户。

塞向墐户。(《诗经·豳风·七月》)

——塞好朝北的窗户，用泥涂好柴门。

② 朝着、对着。

回车叱牛牵向北。(白居易《卖炭翁》)

——拉转车子吆喝着牛朝北牵走了。

③ 方向、趋向。

明利害之向。(《国语·周语上》)

——辨明利害的趋向。

④ 接近。

至日向暮，酒食不行。(《三国志·魏志·管辂传》注引辂列传)

——到天接近黄昏，酒宴还没进行。

谢

《说文解字》:"谢,辞去也。从言,射声。"段玉裁注:"辞不受也。""谢"是个形声字,本义是"辞谢、推辞不受"。由"辞谢、辞去"的意义引申为"凋谢、衰谢"。又引申为"道歉、道谢"。"谢"在古代还有一个特别的用法"告诉、劝告",这也是由"辞谢"引申出来的。如:

① 辞谢、推辞不受。

齐威王欲将孙膑,膑辞谢。(《史记·孙子吴起列传》)

——齐威王想任命孙膑为主将,孙膑辞谢了。

〔注〕这种用法现在很普遍,如"谢绝参观""闭门谢客"等。

② 凋谢、衰谢。

是以形存而神存,形谢则神灭也。(范缜《神灭论》)

——因此形体存在精神就存在,形体衰谢精神也就跟着消灭了。

〔注〕例如现在说的"新陈代谢""花谢"也属于此义。这个意义是比较后起的用法。

③ 道歉、请罪。

入而徐趋,至而自谢。(《战国策·赵策》)

——(触龙)进了门,慢慢地抢前几步,到了跟前,先自己请罪。

秦王恐其破璧,乃辞谢。(《史记·廉颇蔺相如列传》)

——秦王怕他弄坏玉璧,就婉言道歉。

④ 道谢、对别人的帮助或赠予表示感谢。

哙拜谢,起,立而饮之。(《史记·项羽本纪》)

——樊哙礼拜道谢,起来,站着就喝了。

世安尝有引荐,其人来谢。(《汉书·张世安传》)

——张世安曾经推荐过这个人，这个人前来道谢。

〔注〕"道歉"和"道谢"这两个意义容易混淆。"道歉"是对不起别人，表示歉意或是请罪。这种用法，在古代汉语里最常见，现在就不多见。而"道谢"是对接受别人的帮助或赠予表示感激，这个意义在现代汉语里最多见，古代汉语里也有，但不多见。

⑤ 告诉、劝告。

多谢后世人，戒之慎勿忘。(《孔雀东南飞》)

——告诉后代的人们，注意千万不要忘记。

〔注〕这种用法是极其个别的，不多见，尤其在现代汉语里，"谢"的这种用法已经消失了。

行

"行"本作 𣗥，像道路，象形字，所以本义是"道路"，名词。由"道路"引申为"行走、走路"，是动词；由"行走、走路"的意义扩而大之，可以引申为"运行、经过、推行、实行、行动"，也是动词；又从"行动"的表现引申为"行为、品德"。如：

① 道路。

遵彼微行，爰求柔桑。(《诗经·豳风·七月》)

——沿着那条小道，寻求柔嫩的桑叶。

寘彼周行。(《诗经·周南·卷耳》)

——把筐子放在大路上。

② 行走、走路。

三人行，必有我师焉。(《论语·述而》)

——三个人一同走路，其中一定有我可以学习的老师。

③ 运行、经过。

日月之行，若出其中。(曹操《观沧海》)

——日月的运行，就像出自大海之中。

④ 推行、实行、行动。

梁眴（shùn）籍曰："可行矣！"（《史记·项羽本纪》）

——项梁给项籍使个眼色说："可以行动了。"

⑤ 行为、品德，音 xìng。

则知明而行无过矣。（《荀子·劝学》）

——那么知识提高，行为也就没过错了。

休

《说文解字》："休，息止也。""从人，依木"，"休"是个会意字，本义是"休息"。劳动后在树下休息可以有美好的感受，因而可引申为"美善、吉庆"，与"咎"（灾祸、不祥）相对，也是"戚"（悲哀）的反义词。从"息止"的意思可引申为"完了"。如：

① 休息。

风雨暴至，休于树下。（《史记·秦始皇本纪》）

——风雨突然来到，停在树下休息。

行者休于树。（欧阳修《醉翁亭记》）

——行人在树下休息。

② 美善、吉庆。

并作国士，不亦休乎？（《三国志·吴志·周瑜鲁肃吕蒙传》注）

——（两人）一起作为国士，不也是很美好的事吗？

③ 完了。

先生休矣。（《战国策·齐策》）

——先生算了吧。

要

"要"在小篆里作""。《说文解字》："要，身中也。象人要自臼之形。"《文字蒙求广义》："要，从臼。象人要自臼之形。此古腰字。后读于笑切。乃加肉旁别之。""臼"是叉手的意思。"要"象两手叉腰，也就是用两手护卫着腰，表明腰是身体上的重要部分。这说明"要"的本义是"腰"。由"腰是人身体的重要部分"引申为"要害、重要、需要"等。"要"还可以借用为"邀"。

① 腰。

楚灵王好士细要。(《墨子·兼爱中》)

——楚灵王喜爱细腰的士人。

② 要害、关系重要的地方。

北收要害之郡。(贾谊《过秦论》)

——北方收得山川险要的郡县。

③ 重要、紧要。

军事大要有五。(《晋书·宣帝纪》)

——军事上主要的有五个方面。

④ 需要。

先王之法，有要于时也。(《吕氏春秋·察今》)

——早先君王的法令制度，在古代总是需要的。

⑤ 同"邀"。

张良出，要项伯。(《史记·项羽本纪》)

——张良出了营帐，去邀约项伯。

便要还家。(陶渊明《桃花源记》)

——就邀请他到自己家去。

益

"益"在小篆里作"益"。《说文解字》："饶也。从水、皿，皿，益之意也。"《文字蒙求广义》："凡有余曰饶。""益"是"溢"的古字，是水在皿中溢出来，是个会意字，本义是"水漫出来、水涨"。在这个意义上，先秦许多古籍中都作"益"，后来另造了"溢"，和"益"以示区别。从"益"的"水漫、上涨"意义可以引申为"增添、补益、富裕、好处、益处"；沿此意义，也可以作副词，作"更、更加"解。如：

① 水漫出来、水涨。

澭水暴益，荆人弗知。(《吕氏春秋·察今》)

——澭河突然上涨了，楚国人不知道。

② 增添、补益。

满招损，谦受益。(《尚书·大禹谟》)

——自满会招致损失，谦虚可以得到补益。

先王之法，经乎先世而来者，人或益之，人或损之。(《吕氏春秋·察今》)

——古代帝王的法令制度，是经过漫长的古代流传下来的，人们有的补充了它，有的削减了它。

③ 富裕。

其家必日益。(《吕氏春秋·贵当》)

——他的家必定一天天富裕起来。

④ 好处、益处。

若亡郑而有益于君，敢以烦执事。(《左传·僖公三十年》)

——如果灭亡了郑国能够对您有好处，敢于冒昧地拿"亡郑"这件事麻烦您。

⑤ 更、更加，副词。

不治将益深。(《扁鹊见蔡桓公》)

——不及时治疗，疾病将会更加深入下去。

责

"责"在小篆里作🈂️。《说文解字》:"责，求也。从贝，束声。""责"本来是索求财物的意思，读zé，动词。被索求的财物先秦时期也写作"责"，读zhài，名词。因古时无"债"字，"责"就是后来的"债"。从对财物的索求引申为对其他方面的要求；由"要求"又引申为"责备、责任"。如:

① 索求财物。

宋多责赂于郑。(《左传·桓公十三年》)

——宋国向郑国索求大量的财物。

② 同"债"。

先生不羞，乃有意欲为文收责于薛者乎？(《战国策·齐策》)

——先生不以为羞耻，竟然有意愿为我到薛地讨债吗？

③ 要求。

其用于行也，美其声而不责其功焉。(《韩非子·五蠹》)

——（受到儒家思想影响的国君）对人的使用，只欣赏他的虚名，而不要求工作实效。

古之君子，其责己也重以周，其待人也轻以约。(韩愈《原毁》)

——古代的君子们，他们要求自己严格又全面，他们要求别人既宽大又很少。

因责常供。(蒲松龄《促织》)

——于是就责成华阴县年年供应。

④ 责备。

若无兴德之言，则责攸之、祎、允等之慢。（诸葛亮《出师表》）

——如果您在宫中听不到正确的言论，那么就应当责备郭攸之、费祎、董允等人没有尽忠职守。

⑤ 责任。

少减孤之责也。（曹操《让县自明本志令》）

——稍微减轻我的责任。

二、词的假借义及举例

我们阅读古书时，常常会碰到这样的情况：句子里某一个字，依照它本身的意义来讲，不管是本义或者引申义都解释不通，但是读读声音，如果拿另一个跟它声音相同或相近的字义去讲，却可以讲得通。例如"蚤"，从字形看，属虫类，本义是跳蚤。可是根据这样的意义无法理解"不可不蚤自来谢项王"（《鸿门宴》）这句话，如果换个同音字"早"来解释，意义便通了。再如"距，毋内诸侯"（《鸿门宴》）这句话，其中的"距"是距离的"距"，"内"是内外的"内"，若依照这两个字的常用义来解释是不通的。如果把"距"换成同音字的"拒"，把"内"换成声音相近的"纳"来解释，意义也就通了。这就是说写的分明是某一个字的字形，却把跟它同音的另一个字的意义借用过来了，我们把这样的字义叫作假借义。换句话说，这种以甲字代替乙字的现象，甲字是乙字的假借字，乙字是甲字的假借义。

假借字的产生有两种情况，分述如下：

一种是无本字的假借。就是说人的思想中有个概念，口头上也有这个词，但没有书写这个词的字，那么从一开始就借用了一个现成的同音字或近音字来代替，后来也没有为这个词另造专字，而是一直沿用下去。例如"我"本义是一种武器，假借为第一人称代词；"而"的本义是胡须，假借为连词；"汝"是水名，假借为第二人称代词；"权"的本义是黄华木，假借为秤锤；"焉"的本义是一种黄色的鸟，假借为语末助词；"孰"是使食物加热到可吃的程度，假借为疑问代词"孰"；"莫"本是日暮，假借为否定词"莫"。附属这一种情况的还有古今字，它和假借字有所不同。古今字也是原来没有本字，借用了一个同音或近音字来代替，但后来却为借字造了专字（今字）。例如"终竟"的"竟"字，假借为"边境"的"竟"字，后来才为借字造了个今字"境"；"反"本是"反复"的"反"，假借为"返回"的"反"，后来才为借字造了个今字"返"；"禽"本是"禽兽"的"禽"，假借为"擒拿"的"禽"，后来才给借字造了个今字"擒"。这种今字是对原来借字来说的，是古今字的问题。

假借字的另一种情况是有本字的假借字，一般叫作通假字。这种情况是原来有一个本字，作者却临时借用了其他的同音字或近音字。这或者是书写的人一时笔误，写了别字；或者是作者图省事，写了个笔画较少的同音字；或者是古书传抄、刻写中出现的问题；或者由于地方习惯，写成了另一个字。后人见前人，尤其是名家有那样书写的先例，也就跟着那样写，于是本字和别字通用了。例如"背"写成"倍"，"叛"写成"畔"，"疲"写成"罢"等。

以上所说的也可以说是三种情况：一种是无本字的假借，也就是没有本字，只有假借字，即传统所谓的"六书"之一的假借字；一种是有本字的假借，是先有本字，后有假借字，即传统所谓的通假字；还有一种是古今字，是先有借字（古字）后有专字

（今字）。这三种情况的头两种，有人简单地把它叫作"假借"或"通假"，即古代汉语里同音或音近的字的通用和假借。后一种是古今字的问题，从古字来说，也有它的假借的意义。无本字的假借，如"我""而"等，古今是一个字，情况比较简单，容易掌握。可是后两种情况就比较复杂了，给我们阅读古书设下了不少拦路虎，造成一定的困难，那么我们如何识别这种古字和通假字呢？较好的办法还是在读书时多查阅一些大型的字典，认真分析对照，注意随时积累有关古字通假的材料，摸索出其中的规律。

在字书和古籍中，通假字一般注为"×同×""×通×"或"×读为×"。"同""通""读为"诸字前边是古字或通假字，后边是今字或本字。读时，古字读今字字音，通假字读本字字音，也就是前边的字读后边的字的字音。例如"县"通"悬"，"县"读xuán；"责"同"债"，"责"读zhài；"齐"通"剂"，"齐"读jì；"罢"通"疲"，"罢"读pí；"景"通"影"，"景"读yǐng；"队"通"坠"，"队"读zhuì。此外，古今字的今字大多是形声字，创造今字的方法是以古字为基础加以改造的。有时是以古字为声符再加个形旁，如"竟"加形旁"土"成为"境"；"孰"加个形旁"灬"成为"熟"；"舍"加"扌"旁成为"捨"。有时是把古字的形旁改换一下，如"说"改换形旁为"悦"，"赴"改换形旁为"讣"。这是古今字的一般情况。而通假字有的是古今读音相同，有的是现今读音不同而古音其实相同或相近。所谓相近，就是声母相同或韵母相同，而其余部分发音比较接近。同时就字形上来说，多数借字跟本字的声符是相同的。借字多数要比本字笔画少，而且用的往往是古人手头常用的字。这是通假字的一般情况。

这里为说明字的假借义和古字通假的现象，我们从古书中和中学语文课本文言文中找出一些通假字分类加以说明。

（一）有形体联系的通假字

1. 以本字的声符代替本字。

"反"通"返"

反不讨贼。（《左传·宣公二年》）

——回国又不讨伐杀君的贼子。

及反，市罢。（《郑人买履》）

——等到他返回时，集市已经散了。

寒暑易节，始一反焉。（《愚公移山》）

——冬夏换了季节，才能回到家里一趟。

"反"的本义为"覆，翻转"。《说文解字》："反，覆也。"根据这样的意义无法理解以上例句。"反"通"返"，"返"才是"返回"的意思。

"契"通"锲"

遽契其舟。（《吕氏春秋·察今》）

——（他）急忙用刀在船上刻个记号。

"契"的本义是"契约"。《说文解字》："大约也。"但"契"有个意思是"用刀刻"，与"锲"通。"锲"从金，本义是用刀刻。"契"是古字，"锲"是今字。

"直"通"值"

乐国乐国，爰得我直。（《诗经·魏风·硕鼠》）

——快乐的世界，快乐的世界，在那里我就可以得到应有的价值。

半匹红纱一丈绫，系向牛头充炭直。（白居易《卖炭翁》）

——（黄衣使者）把半匹红纱和一丈稀绫往牛角上一缠，就作为千余斤炭的价格了。

昂其直，居为奇货。（蒲松龄《促织》）

——高抬价格，当作稀奇货物囤积起来。

"直"的本义是"不弯曲"，跟"曲"相对，引申为"公正合理、爽快、坦率"等。依这个意义无法解释上面的句子。"直"通"值"，表示价格、价值。

"坐"通"座"

公子引侯生坐上坐。（《史记·信陵君列传》）

——魏公子引着侯嬴先生坐在上座。

满坐寂然，无敢哗者。（林嗣环《口技》）

——满座的客人全都安静下来，没有谁敢作声的。

"坐"是坐立的"坐"，动词；"座"是座位的"座"，名词。当时的"坐"也当"座位"讲，"坐"通"座"。"座"是后起字，这里的"坐"也当"座位"解。

"齐"通"剂"

在肠胃，火齐之所及也。（《韩非子·喻老》）

——病到了肠胃里面，是清火药剂的力量能够达到的。

"齐"的本义是"整齐"。《说文解字》："齐，禾麦吐穗上平也。"依据这个意义不能解释上面的例句。"齐"通"剂"，"剂"才是"药剂"。

"见"通"现"

天下有道则见，无道则隐。（《论语·泰伯》）

——天下政治局势好了就出来做官，政治局势不好就隐居不出。

图穷而匕首见。（《战国策·燕策》）

——把地图翻看到末了，藏在地图里的匕首就露出来了。

食不饱，力不足，才美不外见。（韩愈《马说》）

——吃不饱食，力气不足，有非凡的才能不能显露在外边。

"见"的本义是"看见"，还有"见面、谒见、拜见"等意义。依这些意义不能解释上面的句子。"见"又读xiàn，通"现"，作"被看见、出现"解。上古没有"现"字，中古也很罕见，凡"出现"的意义在上古都写作"见"。

"戒"通"诫"

三保戒团众装药实弹。（徐珂《冯婉贞》）

——冯三保告诫团兵们装好火药，上好子弹。

"戒"的本义是"防备、警惕"。《说文解字》："戒，警也。从廾持戈，以戒不虞。"依照此义不能解释上面例句。"戒"通"诫"，"诫"才是"告诫"的意思。

"瞿"通"惧（懼）"

三保瞿然曰："何以为计？"（徐珂《冯婉贞》）

——冯三保吃惊地说："用什么办法对付呢？"

"瞿"读jù，本义是"惊视"。《说文解字》："鹰隼之视也。"《正韵》："与惧通，恐也。"所以"瞿"通"惧（懼）"，"惧"是后起字，是"恐惧"的意思。

"廷"通"庭"

起，听于廷。（司马光《李愬雪夜入蔡州》）

——起了床，在庭院里听听。

"廷"的本义是"朝廷、宫廷"。《说文解字》："廷，朝中也。"依据这个意义无法解释上面的例句。"廷"通"庭"，"庭"是"庭院"的意思。

"取"通"娶"

云是当为河伯妇，即娉取。（褚少孙《西门豹治邺》）

——就说这个女子应当成为河神的妻子，就给她定下亲事迎娶了去。

"取"的本义是"捕取"，"拿来、占有、得到、招致、采用、挑选"等是它的常用义。依据这些意义无法解释"即娉取"的"取"。"取"通"娶"，"娶"才是把"女子接过来成亲"的意思。

"具"通"俱"

赫赫师尹，民具尔瞻。（《诗经·小雅·节南山》）

——势位显盛的尹（姓）太师，老百姓都在看着你啊。

政通人和，百废具兴。（范仲淹《岳阳楼记》）

——政事推行顺利，民情融洽和顺，过去荒废的各项事业又都兴办起来了。

"具"的本义是"具办"。《说文解字》："具，共置也。""共置"，即"供给、置备"的意思。依据这个意义不能正确理解上面的例句。"具"通"俱"，"俱"是"都"的意思，作副词用。

"属"通"嘱"

属予作文以记之。(范仲淹《岳阳楼记》)

——嘱咐我写文章把这件事情记载下来。

"属"读shǔ,意思是"相关联的一类""亲属""从属"等。依据此义无法理解上文。"属"通"嘱",读zhǔ,是"嘱咐、托咐"的意思。

"章"通"彰"

丽土之毛,足以活人者多矣,或隐弗章。(徐光启《甘薯疏序》)

——生长在土地上的植物,能够养活人类的品种多极了,有些还没被发现,功用还不明显。

"章"的本义是"音乐的一章",引申为"篇章、文章、章程、奏章"等,"赤白相间的丝织品"也叫作"章"。依据这些意义不能解释上文。"章"通"彰","彰"是"明显、鲜明"的意思。

"县"通"悬"

不狩不猎,胡瞻尔庭有县貆兮。(《诗经·魏风·伐檀》)

——(你)不参加狩猎,为什么瞧见你庭院里有悬挂着的猪獾啊?

"县"的本义是政治区域的一种,今同。不过"县"的又一意义是"悬挂",读xuán。这两种意义古代都写作"县",不写作"悬","悬"是后起字。

"女"通"汝"

往之女家。(《孟子·滕文公下》)

——去到你的家（指出嫁）。

"女"指"妇女"，古时借用作第二人称代词"你、你们"，读rǔ。后来又借用专有名词"汝"（汝，水名）作为第二人称代词。所以"女"通"汝"，音义相同。

"不"通"否"

秦王以十五城请易寡人之璧，可予不？（《史记·廉颇蔺相如列传》）

——秦王用十五座城请换我的玉璧，是否可以给他？

不者，若属皆且为所虏。（《史记·项羽本纪》）

——不这样，你们都将被刘邦所俘虏。

"不"和"否"都是否定词，在《说文解字》里都注为"方久切"，读fǒu，两个字是相通的。

"孰"通"熟"

唯大王与群臣孰计议之。（《史记·廉颇蔺相如列传》）

——希望大王与各位大臣仔细商量这件事。

"孰"本义是"把食物加热到可食的程度"，后来"孰"被借用为疑问代词，意思是"谁"。再以后，人们又把"孰"加上"火"（四点底），成为"熟"字，故"孰"与"熟"在这个意义上是相通的（此处含"深思熟虑"的意思），是古今字。

"受"通"授"

师者，所以传道受业解惑也。（韩愈《师说》）

——老师是用来传授道理，讲授知识，解答疑难问题的。

《说文解字》："授，予也。"又："受，相付也。"可见"授"

"受"意义是相同的，都是给予的意思。从"受"的字形来说，象两手持一物，上"手"持物给下"手"，是为"授予"；而下"手"从上"手"接物则为"承受"。因而"受"字兼含"授予"与"承受"两方面的意思。"授"是后起字，到春秋末"受""授"才有明确的分工。但在"授予"这个意义上，二者是相通的，是古今字。

"禽"通"擒"

将军禽操，宜在今日。（司马光《赤壁之战》）

——将军您活捉曹操，应该就在今天。

"禽"是鸟兽的总称，后指鸟类。"禽"假借为"擒"才是"捕捉"的意思。

"卒"通"猝"

五万兵难卒合。（司马光《赤壁之战》）

——五万人一下子不容易调集起来。

"卒"古时指兵，亦同"猝"（cù），"猝"才是"突然""仓促"的意思。

"雷"通"擂"

瑜等率轻锐继其后，雷鼓大震。（司马光《赤壁之战》）

——周瑜等人带领轻装的精锐部队紧跟在后面，把战鼓擂得震天响。

"雷"是"雷雨"的"雷"。这里假借为"擂"，是"敲打"的意思。

"知" 通 "智"

则知明而行无过矣。(《荀子·劝学》)

——那么知识提高，行为也就没过错了。

"知" 的本义是 "知识、学问"。"知" 亦同 "智"，读zhì，是 "智慧、见识" 的意思。

"生" 通 "性"

君子生非异也，善假于物也。(《荀子·劝学》)

——有学问有道德的人，他的资质禀赋并不是与一般人有什么不同，只不过他善于借助和利用客观条件罢了。

"生" 的本义是 "生育、生长"。《说文解字》："进也，象草木生出土上。" 上例的 "生" 读xìng，同 "性"，资质禀赋。

"莫" 通 "暮"

至莫夜月明，独与迈乘小舟，至绝壁下。(苏轼《石钟山记》)

——到了这天晚上，月光明亮，我和儿子苏迈乘着小船，来到一个悬崖绝壁的下面。

"莫" 的本义是 "傍晚"。后来 "莫" 被借用为否定词 "莫"，原来作为傍晚的 "莫"，又加上了 "日" 成为 "暮"。所以 "莫" "暮" 为古今字，是相通的。

"景" 通 "影"

赢粮而景从。(贾谊《过秦论》)

——挑着粮食如影随形地跟着他。

"景" 的本义是 "光色"。《说文解字》："景，光也。" 在这里不是这个意义，而是假借为 "影"，"影" 是 "形影"。

"内"通"纳"

距关，勿内诸侯。(《史记·项羽本纪》)

——守住函谷关，不让诸侯军队进来。

交戟之士欲止不内。(《鸿门宴》)

——两旁交叉着长戟守卫军门的兵士，要阻止不让他进去。

先生如其指，内狼于囊。(马中锡《中山狼传》)

——东郭先生按照它的意思，把狼放进口袋。

"内"的本义是"进入、放进、收入"，动词。《说文解字》："内，入也。从口，自外而入也。"段玉裁注："内，读奴答切，又多假纳为之矣。""内"本读nǎ，是"纳"的本字。"纳"在《说文解字》里被解为："丝湿纳纳也。"段玉裁注："纳纳，湿意。"所以"内"通"纳"，"纳"是"内"的假借字，现在在这个意义上"纳"代替了"内"。

"员"通"圆"

候风地动仪，以精铜铸成，员径八尺。(《后汉书·张衡传》)

——测验地震的候风地动仪，是用精炼的铜制成的，圆径有八尺。

"员"的常用义是"人员、人数"。《说文解字》："员，物数也。"段玉裁注："本为物数，引申为人数。"按"员"是计算人的量词。依据这个意思不能理解上文。"员"通"圆"，"圆"才是方圆的"圆"，二字是同音的。

"取"通"趣"

杨志一心要取六月十五日生辰，只得在路上蹑行。(《水浒传·智取生辰纲》)

——杨志一心要赶蔡京六月十五日生辰，只得在路上赶路行走。

"取"是"耳"和"又（手）"合成的会意字，本义是"割取俘虏的耳朵"。《说文解字》："取，捕取也。从耳从又。周礼获者取左耳。"依据这种意义无法解释上面的例句。"取"通"趣"，"趣"与"趋"同义。《说文解字》："趣，疾也。""疾"是"赶快"的意思，也就是"赶"。

"昏"通"婚"

宴尔新昏。（《诗经·邶风·谷风》）

——欢乐的新婚。

男女有昏，生死相恤。（《汉书·晁错传》）

——男女要婚配，生死可以互相照顾。

"昏"的本义是"日入为昏"，即"黄昏"。《说文解字》："日冥也。""昏"通"婚"，因古时候结婚是在黄昏时举行仪式，故称昏礼。后加"女"旁作"婚"。"昏"和"婚"是古今字。

"共"通"供"

尔贡包茅不入，王祭不共。（《左传·僖公四年》）

——你们应向周王进纳的包茅久不入贡了，王祭祀时用的包茅就供应不上了。

"共"的本义是"拱手"。《说文解字》："同也。"这并不是"共"的本义，而是引申义。依据此义不能解释上面的例句。"共"通"供"，"供"是"供给"。

"贾"通"价（價）"

布帛长短同，则贾相若。（《孟子·滕文公上》）

——布匹丝绸的长短一样，价钱便一样。

有者半贾而卖。（晁错《论贵粟疏》）

——有粮食的人，只好半价出售。

"贾"（gǔ）的本义是"囤积营利的人"。《说文解字》："贾，市也，一曰坐卖售也。"依据这个意义解释不通上面的句子。"贾"通"价（價）"，"价"是"价格"的意思。

"曾"通"增"

曾益其所不能。（《孟子·告子下》）

——增加他所不能的。

"曾"的本义为"乃"，是副词。《说文解字》："曾，词之舒也。"段玉裁注："按曾之言乃也。"依据这个意思不能解释上面的句子。"曾"通"增"，"增"是"增加"的意思。

"田"通"畋"

其后，余从狄君以田渭滨。（《左传·僖公二十四年》）

——之后，我跟从狄族的君主在渭水边上打猎。

"田"的常用义是种庄稼的土地，耕种田地也叫"田"。依据这个意思不能解释上文。"田"同"畋"，"畋"指"打猎"。

2. 借字和本字同声符。

"帖"通"贴"

对镜帖花黄。（《木兰诗》）

- 147 -

——对着镜子在脸上贴上了花黄。

作"请帖、字帖、便条、妥帖、服帖"解，是"帖"的常用义。依据这些意义不能解释上面的诗句。"帖"通"贴"，"贴"才是"张贴"的意思。

"板"通"版"

板印书籍，唐人尚未盛为之。（沈括《活板》）

——用雕板印刷书籍，唐朝人还没有大规模地这样做。

"板"是"木片"。"板"通"版"，"版"是上面有文字或图形的供印刷用的底子。以前是用木板雕刻成的，现在多用金属制成，所以再用"板"就不合适了。

"娉"通"聘"

巫行视小家女好者，云是当为河伯妇，即娉取。（褚少孙《西门豹治邺》）

——巫婆巡视那些小户人家，看有长得漂亮的姑娘，就说这个女孩子应当成为河神的妻子，便给她定下亲事迎娶了去。

《说文解字》："娉，问也。"段玉裁注："凡娉女及聘问之礼，古皆用此字……而经传概以聘代之，聘行而娉废矣。"可见"娉"通"聘"，"聘"即旧时的定亲。

"唱"通"倡"

今诚以吾众诈自称公子扶苏、项燕，为天下唱，宜多应者。（《史记·陈涉世家》）

——现在如果把我们这些人，假称是公子扶苏、项燕领导的，来号召天下，应该有很多的人起来响应我们的。

"唱"的今义是"歌唱"，但是它的本义是"倡导"。《说文解字》："唱，导也。""倡"的本义是"音乐"。《说文解字》："倡，乐也。"段玉裁注："经传皆用为唱字。"故"唱""倡"二字是相通的，声符"昌"亦相同，"倡"是"倡导"的意思。

"被"通"披"

将军身被坚执锐。（《史记·陈涉世家》）

——将军亲自披着铁甲，手拿着锐利武器。

操吴戈兮被犀甲。（《楚辞·九歌·国殇》）

——手里握着吴国制造的戈，身披犀牛皮制成的甲衣。

"被"的本义是"被子"。《说文解字》："被，寝衣。"依据这个意义不能解释上面的例句。"被"通"披"，"披"才是"穿上或搭在身上"的意思。

"说"通"悦"

公输盘不说。（《墨子·公输》）

——公输盘听了不高兴。

学而时习之，不亦说乎？（《论语·学而》）

——学了又经常诵习，不也是高兴的事吗？

"说"的今义是"说明、解释"。《说文解字》："说，谈说。"这个意义古今相同。不过"说"还有另一个意义，读yuè，同"悦"。《说文解字》又注："说，说释也。"《说文句读》王筠注："说释即悦怿也。"可见"说"的一个意义通"悦"，即"喜悦、高兴"。

"距"通"拒"

吾知所以距于矣。（《墨子·公输》）

——我想出了用什么方法对付你了。

"距"的常用义是"距离"。依据这个意义无法理解上面的例句。"距"通"拒",二字同音,"拒"才是"抗拒、抵挡"的意思。

"逝"通"誓"

逝将去女,适彼乐土。(《诗经·魏风·硕鼠》)

——我们发誓,要远远地离开你们,到那安乐的地方去。

"逝"的本义是"往、去",有一去不复返的意思。《说文解字》:"往也。"依据这个意义解释不通上文。"逝"在这里假借为"誓","誓"才是"发誓"的意思。

"徇"通"殉"

贪夫徇财,烈士徇名。(《汉书·贾谊传》)

——贪得无厌的人为争夺财利而死,英雄豪杰为保持名节而牺牲生命。

"徇"的本义是"示众"。《说文解字》:"徇,行示也。"依据这个意义不能解释上面的例句。"徇"通"殉","殉"是指为达到某种目的牺牲自己的生命。

"辨"通"辩"

不复一一自辨。(王安石《答司马谏议书》)

——不再一条条地为自己争辩。

"辨"的本义是"分辨"。《说文解字》:"辨,判也。"依据这样的意义不能正确解释上面的例句。"辨"通"辩","辩"才是"争辩"。

"輮"通"煣"

木直中绳，輮以为轮，其曲中规。(《荀子·劝学》)

——直的木头，它的直能合乎墨线的标准，把它弯曲成车轮般的圆形，它的弯曲能符合圆规的要求。

"輮"的本义是车辋(车轮周围的框子)。据此义不能解释上面的例句。"輮"通"煣"，"煣"是"用火烤，使木材弯曲"的意思。

"锡"通"赐"

孝子不匮(kuì)，永锡尔类。(《诗经·大雅·既醉》)

——孝子的孝没有穷尽，永久把它给予你(指孝子)的同类。

"锡"的本义指"锡矿"。《说文解字》："锡，银、铅之间也。"依据这个意义不能解释上面的例句。"锡"通"赐"，"赐"是"给予"。

(二)无形体联系的通假

1. 古今声音相同或相近。

"止"通"只"

技止此耳？(柳宗元《黔之驴》)

——本领也只是这样罢了？

担中肉尽，止有剩骨。(蒲松龄《狼》)

——担子里的肉已经卖完，只剩下了一些骨头。

禽兽之变诈几何哉，止增笑耳。(蒲松龄《狼》)

——禽兽狡猾的手段究竟有多少呢？只不过给人们增添一些讥笑的资料罢了。

"止"的常用义是"停止、制止"，依据此义不能理解以上例句。"止"通"只"，"只"才是"仅只"。

"惠"通"慧"

甚矣，汝之不惠。（《愚公移山》）

——太厉害了，你这样不聪明。

"惠"是古人所谓"仁爱、恩惠"，这是它的常用义。"惠"通"慧"，"慧"才是"聪明"的意思。

"衡"通"横"

左手倚一衡木。（魏学洢《核舟记》）

——左手倚着一根横木。

"衡"的本义是称东西轻重的器具，用作动词，是指"衡量轻重"。依据这个意义不能解释上面的例句。"衡"通"横"，二字同音。"横"的意思是"跟地面平行"，和"纵"相对。

"阙"通"缺"

两岸连山，略无阙处。（郦道元《三峡》）

——两岸高山连接，一点没有中断的地方。

"阙"的本义是皇宫门前两边的楼，中间是道路，即"宫阙"。"缺"的本义是"器破"，二字的本义是不同的，但有时是相通的，尤其在这里形容山的缺口，用"阙"是有比喻意义的。

"圉"通"御"

公输盘之攻械尽，子墨子之守圉有余。（《墨子·公输》）

——公输盘的攻城器械用尽了，墨子的防守方法还是层出不穷。

"圉"的本义是监狱。《说文解字》："圉，图圄（yǔ），所以拘罪人。"还有一个意思是古代管养马的人。依据以上意义都不能解释上面的例句。"圉"通"御"，"御"是"防御、抵挡"的意思。

"炎"通"焰"

顷之，烟炎张天。（司马光《赤壁之战》）

——一会儿工夫，黑烟红火焰直冲天空。

"炎"，《说文解字》："火光上也。"又同"焰"，"焰"是"火焰"。

"矢"通"屎"

每薄暮下管键，矢溺其中。（方苞《狱中杂记》）

——每天傍晚把牢房门上了锁，（犯人的）屎尿都拉在屋子里。

"矢"的本义是箭。《说文解字》："弓弩，矢也。"古同"屎"，粪便的意思。

"要"通"邀"

张良出，要项伯。（《史记·项羽本纪》）

——张良出来，邀请项伯。

便要还家，设酒杀鸡作食。（陶渊明《桃花源记》）

——就有人邀约他到家里去，摆出酒，杀了鸡，给他做饭。

"要"的本义是"腰"，常用义是"要求、要挟"。依据这些意义不能正确解释上文。"要"通"邀"，"邀"才是"邀请"。

"倍"通"背"

愿伯具言臣之不敢倍德也。(《史记·项羽本纪》)

——希望您代我对项王说，我是不敢违背他的恩德的。

"倍"的本义是"反覆"。《说文解字》："倍，反也。"引申为加倍之"倍"，倍文（不面文而读之）之"倍"。后来"倍"专用作加倍之"倍"，而"倍上、倍文"则皆用"背"。"倍"和"背"相通，"背"是"背叛"的意思。

"蚤"通"早"

蚤起，施（yǐ）从良人之所之。(《孟子·离娄下》)

——清早起来，她便尾随在她丈夫后面行走。

"蚤"的本义是"跳蚤"。《说文解字》："蚤，啮人跳虫。"假借为"早"，"早"是"早晨"。

"衹"通"只"

衹宜近眑天都。（徐宏祖《游黄山记》）

——今天只适合就近欣赏欣赏天都峰。

"衹"是"仅仅、唯一"的意思。在这个意义上同"止"或"只"，是"仅只"的意思。

"窥"通"跬"

固当窥左足以效微劳。（马中锡《中山狼传》）

——我本来应当竭尽自己微小的力量奔走效劳。

"窥"的本义是"偷看、窥伺"。《说文解字》："窥，小视也。"依据这样的意思不能解释上面的例句。"窥"同"跬"，二字音同。"跬"，半步。"窥左足"也就是"跬左足"，就是抬起脚半步半步地走，即尽自己微小的力量来奔走。

"裁"通"才"

手裁举，则又超忽而跃。（蒲松龄《促织》）

——手才抬起，它又迅速地跳开了。

"裁"的常用义是"剪裁、裁减、安排取舍"等。依据这些意义不能解释上面的例句。"裁"通"才"，是"仅仅、刚"的意思。

"熙"通"嬉"

圣人非所与熙也。（《晏子春秋·晏子使楚》）

——有学问的人是不好和他开玩笑的。

"熙"的本义是"烘干"和"亮光"。《说文解字》："熙，燥也。""熙"假借为"嬉"，"嬉"是"开玩笑"的意思。

2. 现在读音不同而古音相同或相近。

"亡"通"无"

今也则亡。（《论语·雍也》）

——现在没有了。

河曲智叟亡以应。（《愚公移山》）

——河曲智叟没有话来回答。

"亡"的本义是"逃跑"。《说文解字》："亡，逃也。"依据这个意义不能理解上面的例句。"亡"通"无"，"无"是没有的意思。

"趣"通"促"

巫妪何久也？弟子趣之。(褚少孙《西门豹治邺》)

——大巫婆怎么去了这么长时间还没回来？派她的徒弟去催催她。

"趣"在现在当作"趣味"解。但《说文解字》解趣为"疾"，"赶快"的意思。"趣"通"促"，二字同音，"促"是"催、推动"的意思。

"信"通"伸"

孤不度德量力，欲信大义于天下。(《隆中对》)

——我不估量自己的德才，想要在全国范围内伸张正义。

"信"的本义是"诚实"。《说文解字》："信，诚也。"依照这个意义不能理解上面的例句。"信"通"伸"，"伸"是"伸张"的意思。"信"与"伸"古音同。

"罢"通"疲"

罢夫羸老易子而咬其骨。(贾谊《论积贮疏》)

——年老体弱的人互相交换子女，并吃他们的骨头。

"罢"的本义是"免去（职位）"。《说文解字》："罢，遣有罪也。"依据这个意义不能解释上面的例句。"罢"通"疲"，二字古时同音，是"疲惫"的意思。

三、词的比喻义

词的比喻义是词的转义的一种，是由词的本义通过比喻的修辞方式而产生的，并已固定下来的新词或新的词义。我们说话或写文章时，使用某个词作比方来描述所要说的事物，这个词就产生了一种临时性功能；不过，当这个词经常反复用来比喻某一事物时，它的喻义确切形象，并且已经稳定下来时，那它就产生了永久性功能，从而取得新词或新的词义的资格。这说明词的意义已经转化，它的意义已非本义，而是由本义引申出来的另一意义；它所指的已经不是它所代表的事物的本身，而是另一种事物的代称了。例如"纲领"一词的本义是"网的总绳"和"衣领"。但我们经常使用这个词时，它所指的已经不是"网的总绳"和"衣领"本身了，而是采取它的比喻义，作为"主要""要领"的代称了。

词的比喻义和修辞上的比喻是不同的。修辞上的比喻是临时使用的，它随着语言环境的改变而改变。例如我们说"四季如春""我们这里已是春天""这是科学的春天"等，一个春字在不同的情况下，可以比喻"季节""地域"和"时代"等多种不同的事物，因而本体和喻体的关系是临时搭起的、不固定的、可以改变的。但词的比喻义却不是这样，它的喻义固定，并不随着语言环境的改变而改变，本体和喻体的关系是永久性的、固定的。

词的比喻义不是一下子形成的，而是在人们长期使用过程中逐渐固定下来的。下面举两个例子说明。

鱼肉　它的本义是鱼和肉。但在长期使用过程中，它又获得本义以外的比喻义。《史记·项羽本纪》："如今人方为刀俎，我为鱼肉，何辞为？"这里的"鱼肉"是名词，纯粹是一种比喻修辞手法，比喻受宰割受欺凌者。《史记·魏其武安侯列传》："今我在也，而人皆籍吾弟，令吾百岁后，皆鱼肉之矣。"这里的"鱼肉"成为动词，也是"欺凌、宰割"的意思。后来，"鱼肉"在古书中经常出现，如"鱼肉乡里""鱼肉百姓"等，都是"欺凌、宰割"的意思。这样，"鱼肉"就形成了新的词义，而成为"欺凌、宰割"的同义词了。

秋毫 它的本义是秋天鸟兽身上的细毛。但在长期使用过程中，它又获得本义以外的比喻义。《孟子·梁惠王上》："明足以察秋毫之末，而不见舆薪。"这里的"秋毫之末"是用来比喻极其微小的事物的。《史记·项羽本纪》："吾入关，秋毫不敢有所近。"这里索性以"秋毫"来比喻极其微小的事物。以后，"秋毫"经常被人们使用着，如"秋毫无犯""明察秋毫"等，"秋毫"就成为代替"微小"事物的新词了。

词的比喻义一般都喻义确切，使人感到具体形象。如："碎琼乱玉"，就是用"琼"和"玉"来称代雪，把雪描绘成晶莹洁白的形体。"风起云涌"，这是运用云在风中飞腾上升的形状来比喻蓬勃发展的形势，形象地表现出新事物不断涌现，势不可挡。"青出于蓝"，语出《荀子·劝学》："青，取之于蓝，而青于蓝。"（靛青是从蓼蓝提炼而成的，但是颜色比蓼蓝更深）后用来比喻学生超过老师，后人胜过前人。

含有比喻意义的词是很多的，如"爪牙、走狗、心腹、手足、股肱、干城、鼎沸、风流云散、水落石出、中流砥柱"等，这些词都含有本义以外的比喻义。

我们说话或写文章经常运用一些含有比喻意义的词，可使语言具有特殊的风格、鲜明的色彩，能把抽象的事物或道理说得具体形象，使人容易理解，而且受到感染。

第四章　词义的历史演变

　　所谓词义的历史演变，是说词义随着社会生活的历史变化而变化。时代变易了，词义所反映的事物也跟着发生变化。因此，词义的历史演变，也反映了社会和人类生活发展变化的情况。

　　首先，词义的历史演变反映了社会生产的发展情况。

　　斤　在篆文里写作斤。《说文解字》："斫木也，象形。"这是个象形字，上面横的象斧头，左面直的象斧柄，下面象所斫之木。《孟子·梁惠王上》："斧斤以时入山林。"意思是用斧子到山林中砍伐树木要有一定的时间。"斤"从"斧头"的意义扩大引申为"利器"，与"刀"意义相同。可是"斤"又与"铢、钧、两、石"合称五权，即一斤为十六两，现为十两，这是"斤"的又一意义。"斤"是个同形异义字，是两个词共用一个形式。现在我们只知"斤"是个重量单位，而忘却它的另一意义了。

　　斫　读zhuó。《说文解字》："击也。"这是个"从石从斤"的会意字。从"石"，表示是用石头制成的；从"斤"，就是斧子。意思是用石头做成的斧子，本用以砍伐树木。段玉裁注："凡斫木、斫地、斫人，皆曰斫矣。"说明"斫"的广泛运用，后来用刀、斧之类砍东西都叫"斫"。

　　罕　篆文作罕。《说文解字》说它是网，是个"从网，干声"

的形声字。《广韵》说是鸟网，即捕鸟的小网，有长柄。《玉篇》说它是"旌旗"。《史记·周本纪》："百夫荷罕旗以先驱。"（一百个人扛着长杆的旗帜作为前导）段玉裁注："经传借为尟字。"故《释诂》云："希、寡、鲜，罕也。""尟"读xiǎn，即"鲜"，作"稀少"解，此为"罕"以后的常用义。

毕　金文作 🦌，古代用以捕捉禽兽的长柄网。引申为"用毕猎取"。《诗经·小雅·鸳鸯》："鸳鸯于飞，毕之罗之。"（鸳鸯成双成对地来回飞，安放网罗去捕捉它）也是周代诸侯国名，因国人从事渔猎，故以"毕"作为国名。"毕"还作"皆、全"讲。《诗经·小雅·无羊》："麾之以肱，毕来既升。"（牧人伸出手臂来指挥，全部牛羊一齐奔来进入圈中）"毕"又作"完毕、结束"讲。《孟子·滕文公上》："公事毕而后敢治事。"（先把公有田耕种完毕，再来料理私人的事务）以上都是"用毕捕猎"的引申义。"毕"字反映了渔猎时代的捕猎情况。

罗　篆文作 🦌。《说文解字》："以丝罟鸟也，从网从维。"这是个会意字，本义是"丝制的捕鸟的网"，又有张网捕鸟的意思。由"张网捕鸟"的意义引申为"搜集、搜罗"。"罗"在现代作名词用时，是一种细筛子，如"绢罗、铜丝罗"；还是一种稀疏的丝织品，如"绫罗绸缎"。

事　《说文解字》："职也。""职"是"职事"，是指做具体事情的。赖以为生的生产——捕捉野兽，才是最重要的事情。后来"事"的意义扩大引申指一切的事情，如苏轼《石钟山记》："事不目见耳闻而臆断其有无，可乎？"（对于一件事情不耳闻目睹就主观断定它的有无，行吗？）这里的"事"是指"事情"。司马光《赤壁之战》："若事之不济，此乃天也。"（假若事业不能成功，这是天意啊）这里的"事"是指事业。《论语·季氏》："季氏将有事于颛臾。"（季氏准备对颛臾用兵）这里的"事"是指用兵。《左传·成公二年》："一人殿之，可以集事。"（这辆车子一个人坐镇，战事就可以成功）这里的"事"是指战事。"事"字随着上下文的不同，而带有比较特殊的意义，我们应当清楚。

史　甲骨文作 ，即手执柄网之形。《说文解字》："史，记事者也。"由字形可知，"史"在上古是管理打猎或记载打猎所获猎物的官。很久以后才由记载打猎发展为记载国家大事，也就是历史。记载历史的官叫作史官。《左传·昭公十二年》："是良史也。"（这是好的史官）历史书也叫"史"。《孟子·离娄下》："其文则史。"（文章的笔法是史书的笔法）现在我们对于"史"只知道它的引申义，而不清楚它的本义了。

耒　金文作 。《说文解字》："耒，手耕曲木也"。从金文字形可知，"耒"的形状，曲柄，上端细，下分两歧。旧说："揉木为耒。"由上面几种说法，知"耒"是一种耕器，是由上古人们用以掘土的削尖的木棍等简单工具发展而来的。《辞源》解为"柄之曲木谓之耒，耒端之刃谓之耜"，可知下分两歧的地方就是耜。想必耜早期也是木质的，后来以铁代之，即铁铧。《考工记》和韩非等战国人的著作也多称"耒耕"（当时已有铁铧），由此形、声来看，"耒"即后世的犁，可知用犁耕地在战国时期就有了。

耦　《说文解字》："耒广五寸为伐，二伐为耦。"《周礼·冬官·匠人》："二耜为耦，一耦之伐，广尺深尺谓之畎。"（耜sì，犁。伐，开发。畎quǎn，即畎字，意思是田间小沟）这是古代的一种耕作方法，即两人各执一耜（犁），同耕一尺宽之地（两耜合耕，耕出之地的宽度恰为一尺）例如《论语·微子》："长沮（jū）桀溺耦而耕。"意思是长沮、桀溺两个人各执一耜并肩耕下。引申为两者匹配，叫作"耦"。又引申为"配偶"。例如《庄子·齐物》："嗒焉似丧其耦。"（嗒，读 tà，意思是失意）这句话的意思是，嗒然若失地像丧失配偶。

钱　这个字现在当"金钱"或是"钱币"讲，跟它的本义相差很远，它的本义是一种农具。《说文解字》："钱，铫（yáo）也，古田器，从金，戋声。"《管子》："耕者必有一耒一耜一铫。"《诗经·周颂·臣工》："命我众人（指农民）庤（zhì，具备）乃（你们的）钱镈（bó）。""钱"和"镈"都是田间除草用的田具。"钱"从金，说明是用金属制成的。从戋（jiān），就是现在的划（chǎn）字。古代的"钱"与"铲"音相近，古代的"钱"就是现在的"铲"，这种农具是用来铲地除草的。它的形状大多是中间凹进去，伸出两条腿来。那么古代作为农具的"钱"为什么又成为货币的"钱"呢？原来是古代以"钱"这种农具作为交易的媒介，后来制造钱币时，就依据"钱"（农具）的形状来制造。因此钱由铲草的用具一变而成为流通货币的"钱"了。

为　甲骨文作🐘，左上方是一只手，下面是一个大象的形状。长鼻、牙、大耳、硕腹，简单几笔，刻画得极为鲜明、形象。整个字形，表示以手牵象鼻之状，用以表示控制、役使象的意思。后来字形演变，从周金文以后逐渐失去原来的形状，人们已不知"为"的本义，《说文解字》误解为"母猴"。由"为"的甲骨文字形和史书的记载可知商人役象从事运输的情形。由此也可知商代中原气候湿热，正适宜于象的生存，可是从周以后，中原气候变化，在那里象已绝迹，人们对这种动物已经陌生，就更不知道"为"的意义了。

第二，词义的历史演变反映人民生活的变化情况。

然　《说文解字》："然，烧也。"并说它是个"从火，肰声"的形声字。其实"肰"（"肉""犬"）是狗肉，下面加四点是火，表示在火上烤狗肉，或者为了烤狗肉而生起火来。这又是个会意字了。从"然"字的构成说明当时人们习惯于吃狗肉。"然"后来被借用为虚词的"然"，于是又另造了一个"燃"字，表示"燃烧"的意思。

孰　"孰"是由"享"和"丸"合成的。"享"在金文中作 ，是一份堆得高高的食物。《说文解字》说它的本义是"献也"。献的不是别的，是烧熟的羊肉。"孰"的左边的"丸"，在甲骨文和金文里是一个跪着伸出双手的人，这就更突出献的意思。由于献的是熟羊肉，所以后来又引申为生熟的"熟"，到隶书时下面又加上四点，写作"熟"，这是因为"孰"被借用为疑问代词的缘故。

炉　本来写作"爐"，《说文解字》作"鑪"。炉在古代本来是一种贮炭取暖的器具，后来又作熏香之用。最早的形状像庙宇里圆口大腹的香炉或取暖用的手炉脚炉，而且是陶制的，后来改为铜铸、铁铸。在商周金文中，这个字写作"金"旁一个"膚"，是表示向炉取暖，皮肤生热的意思。小篆把它改为从"金"，盧声，楷书又改为从火，成为繁体字的"爐"。现在简化为"炉"，成为一个会意字。因为现在的炉，不同于古代，一般都有炉门。"炉"也就是门里有火的意思。现在的"炉"不限于烤火的炉、做饭的炉，而且有冶铁炉、炼钢炉。从烧的燃料来说，又有煤炉、煤油炉、汽炉、电炉等。

灶　繁体字作竈。《说文解字》："炊竈也。从穴，竈省声。"它是个形声字。现在简化为"灶"，从火从土，是会意字，本意为"炊灶、锅灶"，是用砖土等垒成的生火做饭的设备。现在"灶"的意思不限于此，又扩大引申到医学上，例如"病灶"，就是指有机体上的一种病变组织。

豆　甲骨文作 。古代盛食物的器皿，形状大致如后世的高脚杯，深浅不一，或有盖。《说文解字》："古食肉器也。"这显然是不尽全面的，推想它的用途，除了可装汤水之外，一般菜肉食品都可盛贮。考古发现证明这一器皿出现于新石器时代晚期，距今约六千年左右。后来借声以指菽豆，上古只称菽，汉以后叫豆。"豆"是初民的主要食器，最早或用木制，在发明陶器之后，大量流行陶豆。以后，人类发明了冶炼多种金属的方法，反映在豆的质地及制作工艺上又增添了银、金、错金等品种；造型上也更趋向生动，变化微妙而不拘束。

尊　甲骨文作𢍌。《说文解字》："酒器也，从酋，廾以奉之。"字形象双手高举酒瓶或罍之状，表示"恭谨、尊敬"之意。《国语·周语》："出其尊彝。"（出，拿出来。彝，青铜器中祭器的总名）这个意思又写作"樽""罇"。

缶　甲骨文作𠙴。《说文解字》："瓦器，所以盛酒浆，秦人鼓之以节歌，象形。"因是瓦器，又作瓵。东周字又作𦈢，加金以指铜铸之器，在考古中已发掘到铜缶。《急就篇》颜师古注："缶，大腹而敛口。"从古遗址或古墓中出土的秦汉时期的缶，多为圆腹小口，有双耳，有盖，制作精美。缶是盛酒器具，往往饮酒时击以助兴。关于"缶"的用途，《说文解字》解释很明确，李斯也在《谏逐客书》中说："击瓮叩缶。"（敲打着水瓮，叩击着瓦制的缶）说明"缶"是秦国的打击乐器。

鬲　甲骨文作𩰾，三个"款足"（空足）的鬲形，与鼎近似，多无耳。三足分裆，空足，以扩大受热面。这是一种烹饪器。《说文解字》说它可"实五觳"（斗二升曰觳），可见容量是相当大的。

鼎　甲骨文作𣁋。鼎是古代烹煮用的器物，犹如后来的锅，三足两耳，也有方形四足的。由陶制发展而为青铜制。本是生活用具，后来发展成为统治阶级表示尊严的庙堂中祭祀用的礼器。

后来到东周又由礼器发展成为代表国家政权的传国之宝，因以喻"王位""帝业"，当时秦楚都有兴师到周问鼎的故事。《宋书·武帝纪中》："鼎祚再隆。"意思是宋王朝的帝业再次兴盛。

　　酒　右边的酉字甲骨文作 ，象酒尊，并假借为酒字。康殷《文字源流浅说》："酉象酒瓶（罈）形，加 氵以示酉（罈）里有酒，流于罈外，或酒香透罈之意。"在甲骨文中已有酒字，可知在殷商时期人们已会酿酒。

　　宫　《说文解字》："宫，室也。从宀，躳省声。"《尔雅·释宫》："宫，谓之室；室，谓之宫。"《玉篇》："宫，室也，人所居也。"以上说法说明"宫"和"室"可以互训，"宫"就是"室"，"室"就是"宫"。"宫"字上面是"宀"，代表屋顶；下面是"吕"，代表房间，从"躳省声"来看，又像是表音。所以，它既是形声字，也可以说是会意字。"宫"在古代是人所居住的房屋的通称。例如《孟子·滕文公上》："且许子何不为陶冶，舍皆取诸其宫中而用之？"（而且许子为什么不亲自烧窑冶铁，做成各种器械，什么东西都储备在屋中随时取用呢？）这里的"宫"就是指农民的房屋或住宅。可是到了战国时代，进入封建社会，这个名称就被帝王公侯霸占了去，他们住的房屋叫作"宫殿、皇宫"，不许劳动人民用这个"宫"字了。例如《战国策·齐策》："今齐地方千里，百二十城，宫妇左右莫不私王。"（如今齐国的领土方圆一千里，城池有一百二十座，宫中的王后、王妃和左右侍人，没有谁不偏向大王的）再如杜牧的《阿房宫赋》中的"宫"也是一例。现在，"宫"的意义又扩大了，把人民群众进行业余活动的场所叫"宫"，如"少年宫""文化宫"等。

　　灯　灯的繁体字作"燈"。这个"燈"也是一个变体，它原作"鐙"；"鐙"又原作"登"。《说文解字》："登，礼器也。"登是古代祭祀时用的盛放肉类的高脚碗，本来是瓦器，祭祀用的则是金属制品，所以加上金旁变作"镫"。《说文解字》："镫，锭也。"徐铉注："锭中置烛，故谓之镫。"这可以证明原来盛肉类用的高脚碗还可以放上烛作为照明用具。《楚辞·招魂》："华镫错些。"（华丽的灯盏光彩辉映）可见这种"镫"在战国时代就有了。字形又渐渐演变为"燈"，简作"灯"。现在凡是可以照明的用具都叫作"灯"，如"煤油灯、煤气灯、电灯、霓虹灯"等，但又不只限于照明用具，如"酒精灯、太阳灯"等，也可用"灯"表示。

布 小篆作布。《说文解字》："布，枲织也，从巾，父声。"这是个形声字。古代"布、帛"并称，丝织品称"帛"，麻织品称"布"（麻布最先出现）。例如《孟子·滕文公上》："许子必织布而后衣乎？"（许行一定自己织布才穿衣吗？）上古时代一般平民只能穿布衣，不能穿丝织品，所以"布衣"就成了一般平民的代称。诸葛亮《出师表》："臣本布衣，躬耕南阳。"（我本是个普通的老百姓，在南阳亲自耕种田地）这里的"布衣"就是指的一般没有做官的士人、平民百姓。"布"的又一个意义是指先秦的一种货币，如《诗经·卫风·氓》："抱布贸丝。"（携带着货币来买丝）又如《荀子·荣辱》："余刀布，有囷（qūn）窌（jiào），然而衣不敢有丝帛。"（有多余的货币，又有谷仓，但不敢穿丝织品制的衣服）"布"现在有双音词"分布""宣布""公布"等，可见"布"是个同形异义词。

帛 《说文解字》："帛，缯也，从巾，白声。"这是个形声字，本是丝织品的总称。例如《孟子·梁惠王上》："五十者可以衣帛矣。"（年龄到五十岁的人可以穿丝织品一类的衣服）孟子在这里谈的只是他的理想，其实古代只有有钱、有官职的人才做得起帛制的衣服，一般老百姓只能穿麻织或葛制的衣服。《曹刿论战》中说的"牺牲玉帛"，指的是牛、羊、玉石、丝绸等物，是祭神用的东西。同时古代向人送礼也常常用帛。可见"帛"在当时是一种贵重的东西。

绸　是一种薄而软的丝织品。这个字本来写作"䌷"。《说文解字》："䌷，大丝缯也。"又："缯，帛也，"可见"䌷"就是丝织品。"䌷"字左边的"纟"代表"丝"，右边的"由"是"抽"的意思。《急就篇》注："抽引粗茧绪纺而织之曰䌷。""粗茧绪"就是过去用人工从蚕茧上面抽出来的粗丝，用这种粗丝织成的衣料叫作"䌷"。但是后来缫丝和纺织技术逐渐进步，现在的绸有很多种类，如"纺绸""宁绸""柞丝绸"等。"绸（䌷）"字的字义也是经过了一个复杂的演变过程的。

衣　甲骨文作𠥎。古代汉民族的服装是"衣"和"裳"，"衣"只指上衣，下衣叫"裳"。其形制是"交领右衽"，"衽"就是衣襟，即衣服的两旁掩合处。古代汉族的衣襟向右掩，用绦系结，然后在腰间束带。而在汉族周围的其他部族，衣服都是左衽的。《论语·宪问》："微管仲，吾其被发左衽矣。"（如果没有管仲，我们恐怕早已披散着头发，衣襟向着左边了）可见左衽不是中原的习俗，右衽是汉民族的老传统。

裳　下衣叫作"裳"，跟"衣"（上衣）相对。"裳"字也写作"常"。《说文解字》："常，下帬也。"又："帬，下裳也。""帬"即是"裙"。《诗经·邶风·绿衣》："绿衣黄裳。"（绿色的上衣，黄色的裙子）上古时，人们穿的除了裤之外，外面还要加围裙，男人穿的围裙名叫"裳"，"裳"不同于后来的衣裳，也不是裤子。

第三，词义的历史演变反映文化的发展。

书　篆文作𦘠，《说文解字》："箸也，从聿，者声。"现在的"书"的写法，是个草书楷化的简体，从前写作"書"，也是简化了的，它本来上面是个"聿"，下面是个"者"。"聿"是手拿笔的意思，"者"就是"著"，著明的意思，手拿着笔使文字著明（显出），那就是"书写"的意思。所以"书"的本义是"书写"，作动词用。例如《左传·宣公二年》："太史书曰：'赵盾弑其君。'"（太史写道："赵盾杀了他的国君。"）《史记·孙膑吴起列传》："乃砍大树白而书之。"（就砍去大树皮在白木上写字）由此引申为用笔写出的字也叫作"书"。如《史记·孙膑吴起列传》："读其书未毕。"（观看树上的字未完）又如《后汉书·张衡传》："自书典所记，未之有也。"（从古书典籍来看，没有这样的事情）以上是由动词转为名词了。用笔写下来的不只是书和字，用笔写的信也叫作书。《战国策·赵策》："书未发。"（书信还没有发出）《史记·廉颇蔺相如列传》："拜送书于庭。"（在朝堂之上拜送了国书）这里的"书"就是"文书、国家政府来往的书信"。"书"还有一个意义就是专指《尚书》，或称《书经》，这是专指，书的意义就缩小了。

笔　本来写作"筆"。《说文解字》："筆，秦谓之筆，从聿从竹。""聿"读yù。《说文解字》："聿，所以书也。楚谓之聿，吴谓之不律，燕谓之弗。"这说明《说文解字》把"聿"解释为笔，而且说明各地因方言的关系，而对笔的叫法不同。伏无忌《古今注》："古之笔不论以竹、以木，但能染墨成字即谓之笔。"又说："蒙恬造笔即秦笔耳。以枯木为管，鹿毛为柱，羊毛为被，所谓苍毫也。"这是说笔的制造者以及制笔的原料。《集韵》又告诉我们说"或作笔"。这是简化字"笔"的来历。按照毛笔来说，这样简化是很有意思的。现在"笔"的种类繁多，有钢笔、铅笔、排笔等，"笔"的范围扩大了。

简　是个"从竹，间声"的形声字，它的本义是竹简，用来写字的竹片。在古代没有笔纸，记载文字就用刀刻在竹片上，所以叫作"竹简"。例如《左传·襄公二十五年》："南史氏闻太史尽死，执简以往。"（齐国的南史氏，听说崔杼把太史兄弟都杀死了，就手拿着简册前去，想把这事直书出来）不过，后来"简"的意义有了变化，《说文解字》解释为"牒也"，"牒"读dié，是文书、证件，那就是"书简"了。后来"简"又指"书信"，这是它的转义。"简"又作"简略、简单"解，又引申为"怠慢、傲慢、不敬"，我们常说对人"简慢"，就是这个意思。这都是"简"的常用义。"简"又有一个意义作"挑选、选拔"讲。例如诸葛亮《出师表》："是以先帝简拔以遗陛下。"（所以先皇帝才选拔出来留给陛下）从这些意义来看，"简"是个同形异义字。

晷　读guǐ。《说文解字》："晷，日景也，从日，咎声。"这是个形声字。"日景"就是日影，也指时间。《玉篇》："以表度日也。"就是用一个刻有度数的表来测时间，即指"日晷"。"日晷"是古代利用日影测定时刻的仪器，也叫"日规"。这是古人在测计时间方面的一种做法。

漏　"漏"的本义是我国古代一种计时器的名称，也叫"漏壶"或"漏刻"。《说文解字》："漏，以铜受水，刻节，昼夜百刻。"这几句简单的话说明了漏壶的功用和用什么材料制成以及使用方法。《周礼·夏礼》记载有"挈壶氏"，就是专管漏壶的官，可见这种仪器很早就发明了。后来一直沿用着，不过历代形制不一。清乾隆时代所制的漏壶是由三个方形的播水壶和一个圆形的受水壶组成。上面的播水壶叫日天壶，中间的叫夜天壶，下面的叫平水壶。水由日天壶递传而下，漏进最下的受水壶，受水壶上有铜人，抱漏箭，铜人下安箭舟，水长舟浮，则箭随上出，按所刻符号指示时辰；水满箭尽则泻于池中。杜甫《和贾舍人早朝》

诗："五夜漏声催晓箭。"可见漏壶这种计时器历代广泛沿用着。

鼓　鼓在我国古代出现较早，甲骨文的𝖞字，就是鼓的象形。上面的象鼓上羽毛等装饰物的形状，中间是鼓身，下面是鼓架。1935 年河南安阳殷墓中出土过一面木腔蟒皮鼓。从甲骨文字和出土的实物可知殷商时期已经有鼓了。鼓是一种乐器，如《诗经·周南·关雎》："钟鼓乐之。"鼓也是作战进军的号令，如《左传·庄公十年》："公将鼓之。"鼓在古代夜间还用来报时，如"三鼓""五鼓"。

磬　甲骨文作𝖎，象人手执磬槌敲击磬形。"磬"是传统的古乐器，用石片制成，形状如矩。《书·禹贡》："泗滨浮磬。"《传》："泗水涯水中见石，可以为磬。"泗水之南有磬石山，其山出石可以为磬，击之，其声清亮，后世多取供乐府之用。后更发展为东周的编磬，使乐音更丰富、复杂。

乐　本来写作樂，甲骨文作𝖞，表示张丝弦于木上的形状，是一种弦乐器，如琴瑟之类。由乐字可见我国古代人们早已自己发明了弦乐器，商代之前就已流行，所以才在文字上有此反映。后来用弦乐器代表音乐和乐器。例如《礼记·乐记》："金石丝竹，乐之器也。"

第四，词义的历史演变反映政治制度的变革。

家　"家"字是用屋中有豕之状以表示家。可见家的产生是在人们已经居有定所之后，已不是游牧时代，而是以农业发展为主要生产方式的时期。因此就把猪之类的牲畜喂养在家里，跟人生活在一起。这是"家"的本义，是指人们居住的房子而言的，同时也指一家所有成员组成的家和家庭。但后来又跟着政治形势的变异，大夫所统治的政治区域也称为家。例如《论语·公冶长》："千室之邑，百乘之家，可使为之宰也。"（千户人口的私邑，百辆兵车大夫的封地，可以叫他当总管）这个"家"跟"国"相对了，带有浓厚的政治色彩了。这个家已非老百姓个人的家，而是大夫拥有的私产，它包括众多老百姓的家。

　　邦　《说文解字》："邦，国也。"不过所指的范围有所不同。有的指诸侯的封国，如《书·尧典》："协和万邦。"（使得各个国家协同一致，和平相处）有的泛指国家，如杜甫《送顾八分文学适洪吉州》诗："邦以民为本。"（国家以人民为根本）以上两义较难分辨，我们阅读古书时应当留意。

　　国　本来写作"國"，本字是"或"。《说文解字》："从口从戈，以守'一'。'一'，地也。""口"似乎表示城市，"一"表示土地，而"戈"是执干戈以卫社稷，就是拿起武器保卫国家的意思。后来又在"或"的外面加上一个重复的"囗"，写成"國"。"國"的本义是"国家"，同时也把"国都、首都"叫作"国"。《孟子·梁惠王上》："寡人之于国也，尽心焉耳矣。"（我对于国家，真是费尽心力了）《左传·隐公元年》："先王之制，大都不过参国之一。"（先王的制度，大的城市不得超过国都的三分之一）以上两个"国"字所指不同。当时，"国"的两个意义是并用的，现在"国"的"国都"的意义消失了。

　　省　篆文作𪚔。《说文解字》："省，视也。从眉省，从中。"段玉裁注："中音彻，木初生也。从中者，察之于微也。"意思是观察要细致入微。"省"是个会意字，本义是"检查、观察"，读xǐng。例如《荀子·劝学》："君子博学而日参省乎己。"（有素养有学识的人广博地学习，而且一天几次省察自己）引申为"看望父母、探望尊亲"，如我们常说的"省亲""归省"等。段玉裁注："凡省必于微。"即观察要细致入微，因而引申为"减省、减少"，读shěng，如我们常说的"节省""省力"等。"省"还有一个意义是官署名，尚书等官的衙门。为什么尚书等官的衙门称为"省"呢？因为封建皇帝的皇宫本称禁中，到汉代，孝元皇后之父名禁，为避其讳，故改禁中为省中，所以尚书、中书等官署也就称之为"省"。到了隋唐分为尚书、中书、门下三省。"省"本来是官署的名称，元代的中书省为中央政府，又在路（相当于现在的省）之上分设行中书省（略等于中书省办事处或中书省行署），简称行省。后来行省成为正式的行政区域名称，简称为"省"，例如"山东省""河南省"等。现在中书省这样的官署早已消失，只有地方行政区域的"省"。此义仍然沿用着。

州　篆文作"州"。《说文解字》："州，水中可居曰州。周绕其旁从重川。昔尧遭洪水，民居水中高土，或曰九州。""州"是个会意字。古代洪水淹没了庄稼，冲毁了住房，人们只好搬到了高地上去生活，这些可住人的高地就是"州"。据传唐尧之时，天下分为九州，按照《尚书·禹贡》的说法，"冀、兖、青、徐、荆、扬、豫、梁、雍"为九州。这是古代行政区域名。《史记·孟子列传》："驺衍言中国名赤县神州，赤县内自有九州。"这是说中国古来又称神州。古代的"州"相当于现在的一省，后来州的所辖区域渐渐缩小，元、明、清时大者为州，小者为县，那么州的区域大小和县差不多了。

军　在篆文里写作"军"。《说文解字》："军，圜围也……从车，从包省。军，兵车也。"段玉裁注："包省当作勹……故勹车为军也。"古代作战用兵车，扎营时，用兵车环绕士卒作为防卫，所以这个字从"勹（包）""车"，是个会意字。古代军队扎营时，兵车环绕在一起的就是一个军队编制的单位，因此后来就作为军队编制的名称。据《周礼·夏官》所载，一军是一万二千五百人，即五人为伍，五伍为两，四两为卒，五卒为旅，五旅为师，五师为军。历代"军"的编制大小不一，不过，从现在军队编制的"军"来看，也是由几个师所组成，可是已经没有以兵车环绕的意思了。从宋代史籍来看，"军"还是宋代的行政区划名，一个军等于一个州或府，直辖于路。这是"军"的另一个意义。

旅　甲骨文作🖎。象多人执、扶旗之状，用以表示军旅。《说文解字》："军之五百人为旅。"《左传·哀公元年》："夏少康有田一成，有众一旅。"（夏少康拥有十里见方的田地，有军队五百人）引申为一般的军队。《论语·先进》："加之以师旅。"（并且外面又有军队侵犯它）因为军队要行军，所以作旅行讲。《孟子·梁惠王上》："行旅皆欲出于王之涂。"（来往的旅客都想取道齐国）因为军队要寄居于外，所以又引申为"寄居"。《史记·陈杞世家》："羁旅之臣"（寄居在外的臣子）

尉　是"熨"的本字，本来写作"尉"，又写作"㷉"。《说文解字》："㷉，从上按下也。从尼，又持火，所以申缯也。"左边上面的"尼"是"夷"字的古写，意思是"平"，左边下面是"火"；右边是"又"，就是"手"。所以申缯（zēng），就是用来申展丝织品的意思。因此"尉"跟现在的"熨"字意思相同。引申为"镇压"的意思，因而专掌镇压的官就叫"尉"。春秋时代的晋国三军都设尉，战国时代的赵国设中尉，其他各国有国尉、都尉。秦代以后朝廷设太尉，职位与丞相等，掌管武事。各郡有郡尉，各县有县尉，都是武职。现在用"尉"作军衔的名称如大尉、上尉、中尉、少尉，可是本质上已经和前不同了。

第五，词义的演变反映在对外来语的吸收上。

汗　《说文解字》："汗，身液也。从水，干声。"这是个形声字，本义是从皮肤汗腺里排泄出来的液体。后来用作"可汗"的译音字，简称为"汗"，是古代西北民族君长的称号，如"成吉思汗"。从此"汗"字又多了这个译音的意义。

佛 《说文解字》："佛，见不审也。从人、弗声。"这是"仿佛"的"佛"，是看不清楚的意思，后来用作"佛陀""佛图"的译音字，简称为"佛"。从此"佛"字又多了个"佛教"的"佛"这个意义。

塔 《集韵》："物堕声也。"象声词，这是"塔"的本义。《说文解字》："西域浮屠也。"这是"塔"的译音。"塔"初译为"浮屠"（与"佛"同译名），但梵语为"窣堵坡"（或译"率都婆"）。晋宋译经时造为"塔"字（此字出现较晚）。

僧 《说文解字》："浮屠道人也。"即佛教僧人的意思，这是说的"僧"的意义。初译为"僧伽"，简称为"僧"。"僧"也是个译音字。

禅 《说文解字》："禅，祭天也。"这是个"从示，单声"的形声字。《韵会》："筑土曰封，除地曰禅。古者天子巡守至于四岳，则封泰山而祭天，禅小山而祭山川。"意思是天子巡狩至四岳祭祀天神和山神。又一个意思是"禅让"，古代帝王传位给他姓叫作"禅"。以上的意义读 shàn。"禅"又读 chán，是佛教用语的译音字，指"静思"，例如"坐禅"。又扩大引申为凡有关于佛教的一切事物都叫作"禅"，如"禅师""禅杖"等。

我们学习古代汉语，要特别注意古代汉语中最具有时代意义的一些词。因为有不少词都深印时代的烙印，最具有时代特征，最能反映历史的面貌。在一定社会历史阶段，产生新的事物，也必然产生新的词汇来反映它；反之，当社会进一步发展，旧的事物随着历史发展而消亡，那么反映旧事物的一些词语也必然随之在语言中逐渐被淘汰。同时，还有不少词在历史发展中并没有消失，它们随着社会的发展而演变，在时代的推移中丢失旧义产生新义，以此来满足社会的需要，反映新事物的面貌。因此研究各个历史时期的词和词义，对于了解古代的社会经济、文化等是很有用处的。

对父亲的点滴回忆（代后记）

　　我的父亲李绍唐（1915—1993），祖籍河南省柘城县，1944年毕业于国立西北师范学院中文系。此后，他先后任教于甘肃清水国立十中、河南郑州七中、开封第一师范学校、开封十三中、开封教育学院等大中学校，把毕生精力都投入他所热爱的教学工作。特别令人敬佩的是，父亲在长期的教育实践中，对汉语词汇进行了十分深入的研究，对自己所从事的教学工作起到相辅相成的作用。

　　父亲一生都钟爱读书，并将所学用于教学工作。他常被学校领导安排观摩讲课。我曾听父亲说，有一次，他给开封市部分中学语文教师讲课。课后，有位教师到父亲所在的教研室请教一个问题，父亲的同事给这位教师作了解答。父亲当时在场，他听到后觉得这个答案不正确，随即有根有据地作了解释。父亲的同事当时觉得很没面子，但事后还是觉得我父亲是对的。父亲说，身为教师不能误人子弟，我得罪一人是小事，坚持真理是大事。遗憾的是，父亲的耿直性格常常不被人看好，在"文化大革命"期间又无端遭到批斗，关入"牛棚"多年。

　　上世纪80年代，父亲在开封教育学院中文系任副教授。离休后，又被学校返聘。由于年高体弱，学校破例让他坐着讲课。他的古代汉语课课堂上通常都是爆满，要么是鸦雀无声，要么是笑声不断。父亲除在该校讲课外，还经常应邀到部队基层讲课或辅导，但他不取任何报酬。有一次，某部队为提高干部战士的文化素养，特请父亲前往讲课。父亲的一位同事问他，部队讲课补助多不多？父亲一听就笑了，说我分文不取。他还风趣地说，你想，当年部队在上甘岭作战，他怎能会问，守一天阵地政府给我多少补助！父亲离休后，还多次应《河南大学学报》(原《河南师范大学学报》)之请，撰写大中学语文教学方面的论文，并获得广泛好评。

1986年，父亲被查出肺癌。他一直与病魔作顽强斗争，但终究无奈，于1993年离世。父亲生前，特别是离休以后，有一件事，始终念念不忘，并付诸大量时间和心血——完成《古今词义演变举隅》书稿。他不分昼夜，不惜花费大量精力，翻阅大批资料，最终于1984年完成初稿。不过，很遗憾，出于多方面的原因，此书未能及时面世。好在今天，语文出版社慧眼识金，决定正式出版，从而了却了父亲生前梦寐以求的一桩心愿。

父亲在撰写此书过程中，曾于1985年得到著名语言学家张志公先生的指教，张先生还欣然题写书名并作序。父亲临终前特别跟我们家人表达了对张志公先生的感激之情。

在《古今词义演变举隅》一书即将出版之际，恰逢父亲百年诞辰，我似乎又看到父亲在床前灯下笔耕不辍的身影，又听到他那抑扬顿挫讲课的洪亮嗓音。此时，我和弟弟、妹妹更加怀念父亲。愿他在天之灵安息。

海　燕

2015年12月25日